Dʳ JEAN HÉDER PETIT-FRÈRE

FOI ou FOLIE

UN GUIDE SÛR POUR ACCÉDER À LA FOI
QUI PLAÎT À DIEU

Publication de la première réédition par :

Jean Héder PETIT-FRÈRE, D. Min.
Pasteur senior du Centre Diplomatique Famille Tabernacle de Louange (CDFTL) et Président fondateur du Ministère Shabach International (MSI)

Copyright © 2019, par Dr Jean Héder PETIT-FRÈRE
Tous droits réservés.

Les Editions Kingdom Records Unlimited (KRU), 2020
Pour la révision et la réadaptation des textes.
www.krunltd.com

Les textes bibliques tirés de la version Louis Segond, 1910.

Publication et distribution légale :
Jean Héder PETIT-FRÈRE et Ministères (JHPFMI)
www.jeanhederpetitfrere.com
Tél: (+509) 3939- 1212

Conception & mise en page : *ARTWORK.HT (+509 2811 2811)*

> À tous ceux qui vivent et qui désirent vaincre dans la chair, un seul grain de foi peut leur permettre de transporter des montagnes.

SOMMAIRE

REMERCIEMENTS	**1**
AVANT-PROPOS	**3**
INTRODUCTION DE L'AUTEUR	**6**

CHAPITRE I   10

Foi ou folie, de quoi parle-t-on ?

Ce que la foi n'est pas :

CHAPITRE II   16

LES OBSTACLES À LA FOI

CHAPITRE III   36

Les piliers de la foi

CHAPITRE IV   62

Comment vivre par la foi ?

Résumé du chapitre IV

CHAPITRE V   80

Le modèle de la foi christique

Résumé du chapitre V

CHAPITRE 6   90

Comment Dieu voit-il la foi ?

Résumé du chapitre VI

CHAPITRE VII   104

CARACTÉRISTIQUES D'UNE ATTITUDE DE FOI

Résumé du chapitre VII

CHAPITRE VIII 122

LA FOLIE DE LA FOI

CONCLUSION 137
Définition des concepts : foi, folie et présomption

REMERCIEMENTS

Pour la publication de cette nouvelle édition, je me sens redevable en premier lieu à mon Dieu et Seigneur, Source de toute connaissance et en Qui s'est ancrée ma foi. Merci Père de m'avoir permis l'expérience de ma foi en Toi dans maints domaines et aspects de ma vie.

Je suis également reconnaissant envers ma famille, notamment mon épouse, la révérende Marcia Petit-Frère, pour toute l'aide qu'elle m'apporte et la foi qu'elle me témoigne depuis longtemps.

Finalement à tous ceux qui ont, en quelque façon que ce soit, participé et contribué à la réédition de ce livre, de tout mon cœur, merci.

AVANT-PROPOS

L'érudition, l'éloquence et l'immensité de la sagesse qui se dégagent à travers les pages de ce livre m'excitent et me permettent de discerner un aspect fondamental concernant la « *foi* ». En effet, dans ce livre sont traités certains principes essentiels relatifs à la vie véritable du croyant dans le royaume. Ce livre donc renforce le précepte de notre Seigneur Jésus-Christ qui nous a ordonné de « *vivre par la foi et non par la vue* ».

C'est donc en connaissance de cause que je vous suggère, chers lecteurs, d'agrandir votre table de chevet en y incluant ce merveilleux manuel. Je vous assure que la lecture et l'étude de ce livre s'avèreront précieuses et seront un énorme privilège pour quiconque désire expérimenter les avantages qui découlent d'une vie conditionnée par la foi.

Il s'agit bien de l'œuvre d'un homme mais qui, inspirée par le Saint-Esprit, dégage une profondeur étonnante. Je témoigne de la vie personnelle et du ministère du Dr Petit-Frère qui sont des preuves éloquentes de sa foi en Dieu et qu'ainsi il a payé le lourd tribut de l'autorité et le bénéfice de l'approbation d'être un écrivain certifié et un enseignant qualifié en la matière. La grande sagesse qui s'exhale du contenu de ce chef-d'œuvre peut influer sur le raisonnement collectif et sur l'histoire d'un grand nombre de gens. Ce livre est sans nul doute le début d'une nouvelle ère de connaissance et de reconditionnement mental et peut être, dans ce domaine, le classique de cette génération et celle du futur.

Ce travail exceptionnel du Dr PETIT-FRÈRE est l'un des plus importantes et des plus pratiques approches relatives aux principes centrés sur l'objet de la foi que j'ai lu depuis longtemps. L'approche de l'auteur à ce sujet est à la fois à la portée du penseur moyen et procure une bouffée d'air frais qui captive le cœur, engage l'intelligence et inspire l'esprit du lecteur.

Dr PETIT-FRÈRE, toutes mes félicitations pour ce travail bien fait. Je n'ai aucune incertitude que votre ouvrage est un sujet de grandes bénédictions et procure une joie ineffable à tous ceux qui s'engagent à vivre par la foi.

Chaque phrase de ce document est imprégnée de sagesse et j'ai particulièrement apprécié l'étendue de la passion que me procure la lecture des pages de ce livre. Je recommande donc à vous, qui tenez présentement ce livre comme je le propose à tous, de vous laisser immerger dans ce vaste océan de sagesse et de connaissances pratiques en vue d'actualiser et de rendre évidente la fabuleuse potentialité de Dieu en vous et d'expérimenter les riches bénédictions qui résultent d'une vie ordonnée par la foi.

D^r. Myles MUNROE
Bahamas Faith Ministries International
Chairman: International Third World Leaders Association
Nassau, Bahamas.

INTRODUCTION DE L'AUTEUR

Quelqu'un a dit que la foi est la monnaie avec laquelle on acquiert tout dans le royaume de DIEU. Cela sous-entend que le croyant ne devra vivre que par sa foi comme l'indique la Bible. (Romains 1, 17 ; Galates 3, 11). S'il est impossible à un poisson de survivre hors de l'eau, son environnement naturel, de même aucun citoyen du royaume de Dieu ne pourra expérimenter la plénitude de sa grâce, ni rendre visibles ses vertus sans une foi ferme en sa parole.

L'enfant de Dieu qui désire cultiver une qualité de vie selon le standard du royaume, ne pourra l'atteindre que par le moyen de sa foi. Eu égard à son inestimable valeur pour la dynamisation d'une vie chrétienne effective, le croyant doit s'efforcer pleinement à bien comprendre le fonctionnement de « *ce bouclier spirituel* ». C'est ainsi qu'il pourra jouir de toutes les grâces excellentes du royaume et représenter valablement le Seigneur de toute gloire.

Le malin ayant en main propre la contrefaçon, il fera tout pour tromper les croyants en essayant de trouver un substitut à la foi authentique. Ce livre de huit chapitres se propose de mettre à votre disposition des informations pertinentes, capables de vous protéger des pièges de Satan et vous ouvrir la voie à la foi véritable qui transporte les montagnes.

On dit souvent que pour savoir véritablement la nature d'une chose, on doit forcément connaître ce qu'elle n'est pas. C'est dans cette perspective que se situe le premier chapitre de cet ouvrage ; il vous aidera à établir la différence entre la foi, la folie et la présomption.

Le deuxième chapitre vous indiquera les embûches qui pourront éventuellement faire obstacle à votre foi. Celui qui voudrait que sa foi travaille en sa faveur devra nécessairement en tenir compte.

Si la Bible nous présente la foi comme une entité spirituelle inébranlable, cela signifie qu'elle repose sur de fondements solides. C'est pourquoi le troisième chapitre vous invite à découvrir ces piliers qui rendent la foi inébranlable.

La foi n'est pas une abstraction philosophique, mais un principe spirituel qui doit caractériser la vie quotidienne du croyant. Le quatrième chapitre a pour objet de vous montrer comment actualiser votre foi.

Notre Seigneur Jésus-Christ est notre plus grand modèle de vie. Sur la terre, il a mené une vie personnelle et ministérielle couronnée de succès. Cela ne l'a pas été parce qu'il était EMMANUEL, mais parce qu'il avait choisi de mener une vie de foi totale en son Père céleste. L'objectif du cinquième chapitre est de vous aider à comprendre comment Jésus a vécu sa foi durant son parcours terrestre.

Souvent les enfants ne savent pas à quel point leurs parents apprécient leur attitude d'obéissance. Aucun père humain ne peut égaler en tendresse le Divin. Par conséquent, notre Père céleste détient les moyens qui lui sont propres d'interpréter et d'apprécier les attitudes de foi de ses bien-aimés. C'est le but du sixième chapitre.

Le septième chapitre vous permettra d'identifier la vraie foi que nous présentent les Saintes Écritures.

Tout au long des exposés de ce livre, la foi est dénudée comme une vertu divine. Étant telle, elle est complètement opposée à la folie ou à la présomption. Cependant vous pourrez également remarquer que chaque germe de foi semble contenir en lui-même une semence de folie. Afin d'éviter toute équivoque et bien élucider les notions de la foi et de la folie, j'ai jugé nécessaire de compléter et de clore le livre avec un « *chapitre bonus* ». J'ose espérer que celui-ci constituera pour vous la trame d'un bienfait ineffable.

Cet ouvrage ne nourrit pas la prétention de détenir le monopole de la révélation de la foi. Mais celui-ci se propose de partager avec vous certains principes fondamentaux de la vérité scripturaire traitant de ce domaine. C'est avec beaucoup de ferveur que je vous recommande la lecture de ce modeste ouvrage comme mon humble contribution à la satisfaction des désirs des croyants qui veulent expérimenter l'évidence de la plénitude de Dieu dans leur vie.

Dr Jean Héder PETIT-FRÈRE

CHAPITRE I

Foi ou folie, de quoi parle-t-on ?

Foi : ce mot est remué sur presque toutes les lèvres. Peu importe ce que font les gens, dit-on, ils le font par la foi. Ainsi, des gens se marient et fondent leurs foyers, d'autres se lancent dans des entreprises futiles ou des combats perdus d'avance, d'autres encore se croient trop intelligents pour être croyants. En divers endroits, des tenants de la religion s'évertuent à confondre la foi avec toutes sortes de choses et bien pire, ils inculquent leurs « *égarements* » à un grand nombre de gens, les rendant encore et davantage confus, abusés et engloutis.

Nous accomplissons tellement de choses, nous prenons tellement de décisions sous prétexte de fonctionner dans la foi que cette vertu spirituelle puissante paraît inappropriée à des circonstances pourtant ambiguës.

Mais, la foi qu'est-ce que c'est ? C'est quoi cette force aguerrie qui peut nous permettre de « *soulever une montagne* » ? Nous ne sommes pas malheureusement habilités à en donner une définition juste et peut-être acceptable à moins de savoir d'abord ce que la foi n'est pas.

Ce que la foi n'est pas :
1) La foi n'est pas la passivité.

La passivité est un état d'énergie latente ou endormie. Elle est caractérisée par un manque ou une absence de réactivité ou de reproductivité. C'est donc une action sans suivi approprié. Passivité vient du verbe latin « *passivus* » qui signifie souffrir, endurer, subir. La passivité, c'est donc un état de souffrance et d'endurance stérile. Le passif est celui qui, par suite d'une action insuffisante, adopte face aux circonstances et aux événements de sa vie une attitude d'inertie complète. Il ne peut ou ne veut absolument rien faire pour prévenir voire enrayer les situations auxquelles il doit faire face.

> *Dans la passivité, nous subissons les événements tandis que dans la foi nous les dominons.*

2) La foi n'est pas le « manfoubinisme »[1]

Le « *manfoubinisme* » est l'attitude de celui qui ne se soucie de rien par manque ou absence de rigueur ou d'attention. Une personne ayant ce comportement est négligente, consentante et paresseuse. Elle ne se préoccupe jamais de se protéger des événements pourtant évitables qui surviennent dans sa vie. Si le « *manfoubin* »[2] semble si insouciant, ce n'est pas parce qu'il sait remettre ses besoins à Dieu. Au contraire, il tient Dieu pour responsable de sort dû en fait à sa mauvaise attitude.

3) La foi n'est pas un substitut du travail.

Dieu ne nous a pas donné la foi pour remplacer les efforts que nous devons normalement consentir pour notre avancement personnel, celui de notre famille, de notre église et de notre communauté. Au contraire, la foi devrait nous porter à travailler plus intelligemment et à faire davantage d'efforts parce qu'elle nous garantit auprès de Dieu le succès de nos labeurs. La Bible dit : « *Par la foi, Isaac*[3] *sema pendant la saison sèche, et put moissonner le centuple de tout ce qu'il avait semé.* »

4) La foi n'est pas une adhésion à la médiocrité.

La médiocrité est une insuffisance en qualité et en quantité. Elle est caractérisée par un manque d'intérêt, d'éclat et d'envergure. En tant que citoyens du royaume, Dieu nous a appelés à un standard de vie élevé à sa stature parfaite et excellente. La médiocrité, c'est de l'imperfection. Or, Dieu est perfection totale et absolue. Dieu a la médiocrité en horreur, car celui-ci est une véritable offense à sa personne. Au lieu de confondre la médiocrité avec la foi, nous devons plutôt utiliser notre foi à

---

1 Manfoubinisme : Emprunt du créole haïtien, utilisé par analogie à un genre d'insouciance banale d'où résultent une oisiveté accrue et une infertilité des capacités ordinaires humaines.

2 Manfoubin : Personne adhérant au manfoubinisme.

3 Genèse 26 :12

l'éradication de cette forme d'offense dans notre vie et dans notre environnement sous toutes ses formes : spirituelle, intellectuelle, émotionnelle, matérielle et sociale.

> *En tant que citoyens du royaume, Dieu nous a appelés à un standard de vie à la dimension de la stature parfaite de Christ.*

5) La foi n'est pas l'optimisme.

L'optimisme est un courant philosophique qui porte à considérer uniquement le bon côté des choses. En tant que courant philosophique, l'optimisme révèle la pure pensée humaine. Une pensée qui n'est pas toujours au rendez-vous quand surviennent les vicissitudes et les vents et marées de la vie. La vie n'est pas toujours positive pour les adeptes de ce courant. Ils doivent faire semblant que les choses vont bien. Mais dans l'œil de la foi, les choses ne paraissent pas bien, elles sont effectivement bien ; car la foi trouve sa source et son fondement en Dieu lui-même, véritable garant de sa parole éternelle et efficace.

6) La foi n'est pas l'espoir

L'espoir est un sentiment d'attente à la réalisation d'un souhait. C'est une perspective passive à un éventuel bonheur. C'est un sentiment indifférent et très fugace. Un souhait ne se réalise pas toujours. Celui qui le fait n'endosse pas toujours l'engagement irréfutable de sa réalisation. Dans ce domaine, la conviction, le caractère et l'engagement sont généralement absents. La foi est l'engagement mutuel qui implique autant celui qui se porte garant de ses promesses que celui qui le croit.

> *La foi est l'engagement mutuel qui implique autant celui qui se porte garant de ses promesses que celui qui le croit.*

7) La foi n'est pas de l'émotion

La densité de foi de certaines personnes est tributaire de leur condition émotionnelle. Parfois, elle atteint son apogée, mais dès que surviennent des situations fâcheuses et inattendues, leur foi chute implacablement. Il est important de comprendre que la foi n'est pas un antidote contre la tentation et l'épreuve. Au contraire, ces dernières viendront assez souvent pour tester celui qui se dit avoir la foi. C'est en connaissance de cause que Dieu donne à la foi un fondement inébranlable et éternel qui n'est autre que sa sainte parole : « *Le ciel et la terre passeront, mais mes paroles restent et demeurent*[4]. » De même qu'en Dieu, il n'y a ni changement ni ombre de variation, c'est ainsi que devrait être la foi du croyant.

8) La foi n'est pas l'inaction

La passivité et l'inaction se ressemblent, mais n'ont pas la même connotation. La passivité est de l'action insuffisante. On prie Dieu et on attend qu'un miracle se produise sans remercier à l'avance ni chercher à se mettre en accord avec Dieu par le biais de sa parole pour que se réalisent les désirs exprimés. Cela s'appelle : le quiétisme, c'est-à-dire l'état de l'âme demeurant dans une absolue inertie pour se soumettre complètement à l'action de Dieu. L'inaction est l'absence totale d'actions. Autrement dit, on reste indolent, sans rien faire. Il est bon d'attendre « *en silence* », autrement dit indifféremment le secours de l'Éternel.

Pour beaucoup de personnes, vivre par la foi, c'est être inactif. En d'autres termes, tout en étant persuadées que tout va concourir en leur faveur, elles se croisent les bras et contemplent jour et nuit le soleil et les étoiles. L'inaction ou l'oisiveté est la négation de la foi. La foi, en tant que substance abstraite, a forcément besoin de notre action pour la rendre évidente, effective et visible. Point n'est besoin de proclamer sa foi à tout vent, si l'on n'est pas prêt à poser les actions correspondantes.

---

[4] Matthieu 24 : 35

Résumé du chapitre I

La Bible nous exhorte d'un côté à nous offrir nous-mêmes à Dieu comme un sacrifice vivant, saint et agréable. D'un autre côté, elle nous enseigne que sans la foi, il est impossible d'être agréable à Dieu. Cela signifie que nous ne pouvons être cet holocauste en dehors de la foi. La foi, c'est ce sacrifice ultime qui nous donne accès à la présence de Dieu. Dans ce chapitre, nous avons tenté, à la lumière des Saintes Écritures, de définir la foi en passant d'abord par ce qu'elle n'est pas. Et nous avons découvert qu'en aucun cas la foi ne peut être :

1. La passivité : *Dans la passivité, nous subissons les événements tandis que dans la foi nous les dominons.*

2. Le « manfoubinisme » : *Le « manfoubinisme » est une réaction de fuite devant la réalité. Le « manfoubin » croit que certains événements de la vie sont une fatalité et qu'ils ont été planifiés au préalable tandis que celui qui a la foi vit dans la certitude que, dans sa riche et inépuisable substance, Dieu a pourvu à tous ses besoins.*

3. Un substitut du travail : *Notre travail devrait être une motivation dans la certitude que Dieu récompensera généreusement l'œuvre de nos mains. (Genèse 26 :12)*

4. Une adhésion à la médiocrité : *En tant que citoyens du royaume, Dieu nous a appelés à un standard de vie élevé à sa stature divine et excellente.*

5. L'optimisme : *Dans l'optimisme tout ira bien tandis que dans la foi tout a toujours été bien.*

6. L'espoir : *L'espoir exprime un souhait tandis que dans la foi nous avons la certitude basée sur les promesses d'un Dieu qui n'est point un homme pour mentir ni le fils d'un homme pour se repentir.*

7. Ni l'humeur ni l'émotion : *Les sentiments sont hésitants, versatiles et périssables tandis que la foi est constante et résolue.*

8. L'inaction : *L'inaction est l'absence totale de l'action tandis que la foi n'est démontrable qu'à travers des actions souvent courageuses, osées et aventureuses.*

FOI OU FOLIE?

CHAPITRE II

LES OBSTACLES À LA FOI

Beaucoup de chrétiens sont frustrés et même parfois découragés devant l'inefficacité et l'improductivité de leur foi. Cela a même amené certains d'entre eux à s'avouer vaincus dans ce domaine. Au regard d'une telle inconvenance, au lieu de questionner la fidélité de Dieu, le chrétien désireux de grandir et de porter du fruit doit de préférence examiner sa vie personnelle pour découvrir ce qui n'est pas en ordre, ce qui s'oppose à la parole et à la volonté de Dieu. Nombreux sont les éléments dans la vie d'un chrétien qui peuvent faire obstacle à sa foi. Ensemble, dans ce chapitre, nous allons considérer quelques-uns d'entre eux.

A. PREMIER ÉLÉMENT : L'INCRÉDULITÉ

1) L'incrédulité est une offense envers Dieu

Si la Bible dit qu'en dehors de la foi aucun homme ne peut plaire à Dieu, il n'est nul besoin d'être un grand savant pour comprendre que dans l'incrédulité nous nous sommes déclarés ennemis de Dieu. L'incrédulité, c'est l'absence de la foi. C'est un état d'esprit qui consiste à nier toute possibilité de parvenir à connaître avec certitude un fait tel qu'il est en soi. C'est offensant dans la mesure où l'incrédulité est une attitude qui fait de Dieu un menteur, comme pour dire à quelqu'un qu'il bluffe ou qu'il ne sait pas de quoi il parle. Vous pouvez rapidement comprendre combien nous devons nous lamenter pour obtenir le pardon de Dieu. Que Dieu nous aide dans son amour infini !

2) L'incrédulité à travers la Bible
a) L'incrédulité est une caractéristique de l'homme insensé

Dans la Bible, nous pouvons constater que l'incrédulité est un péché assez courant dans la vie du peuple de Dieu. L'incrédulité n'est pas uniquement le fait de nier l'existence de Dieu ou de mépriser l'œuvre salvatrice du Christ au calvaire.

C'est également tout écart d'obéissance à la parole de Dieu ou tout questionnement partiel ou total à propos de ses promesses. Ceux qui pratiquent l'incrédulité sont appelés insensés dans la Bible L'insensé dit en son cœur : « *Il n'y a point de Dieu ! Ils se sont corrompus, ils ont commis des actions abominables ; Il n'en est aucun qui fasse le bien*[1]. » L'insensé se sert de son doute de l'existence de Dieu comme prétexte à ses exactions et à ses abominations. Il se croit libre de se livrer à des excès de dépravation. C'est comme s'il disait en son cœur : puisque Dieu n'existe pas, je suis donc libre de faire tout ce qui me plaît.

> *Dans l'incrédulité, nous nous déclarons ennemis de Dieu*

b) La moquerie est une attitude qui offense Dieu

Le moqueur ne questionne pas ouvertement l'existence de Dieu mais demande que des preuves lui soient fournies afin d'en être totalement convaincu. Il faut noter cette subtilité, le moqueur ne nie pas ouvertement l'existence de Dieu. Toutefois, il conditionne la réalité de l'existence de Dieu à la mise à sa disposition de preuves ou d'arguments irréfutables. En fait, il questionne aussi l'immuabilité de Dieu.

Ainsi, Dieu pourrait bien être ceci aujourd'hui et cela demain ou Il pourrait bien être ici aujourd'hui et ailleurs demain. À ce sujet, nous savons ce que la Bible affirme : Dieu demeure le même dans tous les âges passés, présents et futurs. Ces maîtres et enseignants de la Loi qui venaient voir Jésus pour lui demander de leur faire voir un signe venant du ciel en vue de croire sont de la catégorie des incrédules et des moqueurs. Dieu n'est jamais tendre avec les moqueurs. C'est pourquoi il exhorte ses enfants à ne pas s'asseoir en leur compagnie.

c) La réticence est un élément dévalorisant Dieu

Il y a une troisième catégorie d'insensés : ceux qui croient religieusement en Dieu, mais qui sont discrets et réservés. Se croyant prudents, ils rejettent la paternité de Dieu et méprise son amour, lequel s'est manifesté en son unique Fils. Ils pensent que Dieu peut écouter et exaucer les prières des autres mais pas les leurs. Se considérant comme des gens du dehors et étrangers aux réalités de Dieu,

---

1   Psaumes 14 : 1

ils croient n'avoir aucune part à l'héritage du salut. C'est pour cela qu'ils pensent toujours avoir besoin d'un médiateur pour implorer Dieu à leur place ou en leur faveur. Par complexe d'infériorité spirituelle, ils n'acceptent pas cette vérité des Saintes Ecritures qui stipule que Dieu ne fait point de favoritisme.

d) La réticence est une révolte contre Dieu

La quatrième catégorie d'insensés comprend ceux qui rejettent la volonté souveraine de Dieu. Ils croient en Dieu mais sont réticents à trop l'impliquer dans leurs affaires et dans leur vie. Quand leurs plans et les principes de Dieu coïncident, tout va bien. Quand par contre ils divergent sur un ou plusieurs points fondamentaux, il n'est plus question de faire la volonté de Dieu. Au contraire, c'est Dieu qui, s'il le veut, doit s'arranger pour que sa volonté soit conforme à leurs projets. Ce comportement est très dangereux car il peut aller jusqu'à s'opposer à Dieu.

Il est important de souligner la subtilité de ce péché. Ce type de « *croyant* » a une certaine foi mais pas une foi certaine. Or la vraie foi est totale, pleine et entière. Elle est une et indivisible. Le péché de l'incrédulité n'est donc pas seulement l'apanage des impies, des insensés, ou des idolâtres mais aussi celui de beaucoup de chrétiens soi-disant nés de nouveau. Jésus a dit : « *L'homme ne vivra pas de pain seulement mais de toute parole qui sort de la bouche de Dieu*[2]. »

Il est nécessaire de comprendre que Jésus ne s'est jamais laissé vaincre par des oppositions quelles qu'elles soient et d'où qu'elles puissent provenir. Au contraire, il les a toutes vaincues au moyen de la parole, pas d'une parole, mais de « *la parole* », autrement dit de « *toute parole* ». Celui qui n'accepte pas toute la révélation de Dieu est dans l'incrédulité et court à sa perte. Une foi partielle n'est pas la foi. Or une foi qui n'est pas la foi n'existe pas et donc est vaine et stérile. Si dans l'illusion, vous pensez qu'il existe une foi partielle, elle ne pourra vous amener que des déboires. Ceux qui pratiquent ce type de foi ne courent qu'à leur perte.

> *Celui qui n'accepte pas toute la révélation de Dieu est dans l'incrédulité et court à sa perte.*

---

2   Matthieu 4 :4

B. DEUXIÈME ÉLÉMENT : NOS CINQ SENS

1) Une bonne nouvelle : Satan ne dispose pas d'armes pour nous vaincre

Cette vérité devra changer les idées que vous vous êtes faites de Satan. En effet, il ne dispose véritablement d'aucune arme qu'il peut utiliser contre nous. Sa seule force, c'est sa ruse. Il cherche toujours à s'emparer de nos propres armes contre nous dans le seul but de nous détruire. Ainsi il parvient malheureusement à utiliser nos propres sens pour ébranler notre foi.

Pourquoi, selon vous, faut-il que tout notre appui et nos évidences physiques soient épuisés avant que nous fassions confiance aux vertus et à la puissance de Dieu ? Demandez-vous cela et réfléchissez-y. Nous savons du reste que tout ce que Dieu a créé est bon et a été conçu pour notre bien-être, pour contribuer à notre plein épanouissement et pour l'émancipation et l'expansion de son royaume sur la terre. Aussi, notre faculté de raisonner nous a été accordée par Dieu, non pour faire obstacle à notre foi en lui, mais pour exprimer son image en nous.

> *Notre faculté de raisonner nous a été accordée par Dieu, non pour faire obstacle à notre foi en lui, mais pour exprimer son image en nous.*

2) Nous sommes notre seul obstacle

Considérons la situation de Thomas, le disciple du Seigneur. Après la résurrection, le Maître apparut à ses disciples et Thomas était absent. Où était-il allé ? Y avait-il une obligation qui justifierait cette absence ? Devrait-il être blâmé pour cela ? Je ne sais pas tout comme les autres qui n'ont pas cherché à savoir. Cependant, une chose est sûre, cette absence a coûté à Thomas une bénédiction extraordinaire qu'il n'a pu retrouver même avec le temps : celle de croire sans avoir besoin de preuves. Telle est l'essence et la pureté de la foi. Les chrétiens inconstants sombreront toujours dans la honte et le regret de n'avoir pas été là au bon moment. De retour, Thomas apprit des autres disciples que le Seigneur leur était apparu.

Dans un geste humain, naturel mais offensant, Thomas choisit de nier en bloc l'authenticité de la nouvelle reçue des disciples et des enseignements antérieurs du Maître, à savoir que le Messie ressusciterait le troisième jour. À entendre la réplique de Thomas, on serait tenté de croire qu'il n'avait jamais adhéré aux enseignements du Maître :

« *Si je ne vois dans ses mains la marque des clous, et si je ne mets mon doigt dans la marque des clous, et si je ne mets ma main dans son côté, je ne croirai point*[3]. »

Autrement dit, il ne croirait pas à moins que ses sens ne le confirment. Ce qu'il faut que vous reteniez, c'est le choix délibéré que Thomas a fait de ne pas croire. Il a posé des conditions basées sur sa raison, sur ses sentiments. Ainsi, même s'il avait été présent, il n'aurait pas cru à moins de toucher lui-même le Seigneur.

Avec cette attitude, le disciple dubitatif ayant toujours été avec les autres, témoin de tous les miracles accomplis par le Seigneur au milieu d'eux et de ses enseignements, a toujours été incrédule. Il peut arriver qu'un disciple soit incrédule vis-à-vis de son maître, c'est une expérience troublante mais elle est néanmoins possible. Ceci n'est pas uniquement valable pour Thomas. Nous aussi, certaines fois, nous sommes incrédules face aux promesses et à la parole de Dieu. Alors posez-vous cette question : si Jésus n'était pas intervenu, que serait-il arrivé au salut de Thomas ?

> *Les adorateurs extravagants sont ceux qui croient en Dieu sans avoir besoin de preuves matérielles à l'appui.*

3) « Mon Seigneur et mon Dieu » : même dans notre faiblesse, l'amour de Dieu ne fait jamais défaut

Il est clair que quand la foi est tributaire de nos sens, nous courons à notre perte. Même si Thomas a eu la chance de se racheter, il a quand même perdu l'opportunité de présenter à Dieu une adoration de première main, en croyant sans avoir besoin de signes indicateurs que le Ressuscité qui était apparu aux disciples était effectivement le Maître qui avait été toujours avec eux avant sa crucifixion.

---

[3]   Jean 20 : 25

Je n'aime pas particulièrement utiliser le mot « *chance* ». Mais j'en fais ici usage seulement pour attirer votre attention sur le fait que le Maître n'était aucunement contraint de venir au secours de Thomas. Peut-être l'a-t-il juste fait pour nous laisser l'enseignement suivant : son amour rachète quiconque pèche, fût-ce un incrédule, un idolâtre ou un insensé. Mais également pour nous montrer que nous devons à Dieu une adoration de première main empreinte d'une foi ferme ne nécessitant point de preuves.

Jésus a dit : « *Si l'un des membres de votre corps est pour vous une occasion de chute, arrachez-le et jetez-le au feu. Car il est préférable qu'un seul de vos membres périsse et que votre corps entier aille dans la géhenne*[4]. » Qu'il en soit ainsi du membre ou du sens de notre corps qui veut nous barrer la route lorsque nous sommes motivés à présenter à Dieu notre adoration en lui montrant combien nous croyons en sa bonne volonté, en son amour et en ses bontés quotidiennement renouvelées en notre faveur. Si la parole de Dieu le dit, alors c'est la vérité. Nous n'avons pas à y faire objection, à moins de vouloir notre propre échec. L'Éternel est vivant!

C. TROISIÈME ÉLÉMENT : L'IGNORANCE

1) D'où vient la foi que nous entretenons maintenant ?

Il est nécessaire d'être toujours sûrs de nos croyances. Pourquoi les avons-nous ? Comment sommes-nous amenés à les avoir ? Autrement dit, nous devons chercher à déterminer la valeur de nos croyances et de nos sources d'information. La Bible stipule péremptoirement que « *la foi vient de ce qu'on entend, et ce qu'on entend vient de la parole de Christ*[5]. » Considérons les deux volets de ce verset :

a) Premier volet : « *La foi vient de ce qu'on entend,...* »
L'être humain, en effet, devient ce à quoi il s'associe le plus. Nous nous associons toujours à ce que nous croyons. Or, ce que nous croyons va définir toutes les expériences de notre vie. Ce n'est pas sans conséquence que le psalmiste nous encourage en ces termes : « *Heureux l'homme qui ne marche pas selon le conseil des*

---

4   Matthieu 5 : 29
5   Romains 10 : 17

méchants, qui ne s'arrête pas sur la voie des pécheurs et ne s'assied pas en compagnie des moqueurs[6]. »

Remarquons que le psalmiste utilise un processus de fréquentation pour nous enseigner cela : marcher, s'arrêter, s'asseoir. Si vous commencez à marcher, et donc à saluer, aller ensemble, partager brièvement des idées ; vous vous arrêterez éventuellement. En ce sens vous échangerez les informations plus souvent et commencerez à les écouter. Avant de vous rendre compte que beaucoup de choses vous intéressent chez ce méchant, vous serez déjà assis, c'est-à-dire que vous partagerez son opinion, ses points de vue et sa conviction de Dieu et de la vie. Quelle est, en deçà du langage du méchant, la parole qu'il utilise le plus ? Est-ce la parole de Dieu ? Connaît-il la volonté de Dieu ? Ce serait illusoire d'écouter les conseils des méchants, de marcher en compagnie des pécheurs, et de s'asseoir parmi les moqueurs pour ensuite plaire à Dieu et espérer de lui une quelconque délivrance.

Nous avons pour devoir de méditer sur la parole jour et nuit. Mais si c'est la parole du méchant que nous entendons le plus, quelle sorte de méditation aurons-nous à longueur de journée ? La Bible dit que Dieu se moque de la prière du méchant, or nous savons que les oiseaux de même plumage s'attroupent. Alors si je fréquente les méchants, je deviens méchant et quant au moment où je dois faire face à une situation qui me demanderait d'utiliser ma foi, que se passera-t-il ? Dieu se moquera aussi de moi, parce la foi que j'applique n'est pas celle qui répond à ses principes ni celle qui est basée sur sa parole. Si le psalmiste nous recommande de choisir notre compagnie et les paroles que nous devons entendre et méditer, c'est qu'il y a une vérité qu'il a connue et qu'il aimerait que nous connaissions à notre tour. Notre foi sera toujours fonction de ce que nous entendons le plus.

> *Un homme est tel que sont les pensées de son cœur.*
> *Or celles-ci sont continuellement fonction de la foi*
> *que lui inspirent ses sources d'information.*

---

6 Psaume 1: 1

b) Deuxième volet : « …, et ce qu'on entend vient de la parole de Christ »

Nous avons dit plus haut que nous réagissons toujours aux situations suivant la foi dont nous disposons et celle-ci est forcément fonction de ce que nous introduisons au-dedans de nous à longueur de journée. C'est une expérience qui dépend de l'environnement que nous fréquentons le plus. Si cet environnement est celui des méchants, des pécheurs et des moqueurs, notre foi ne sera pas capable de faire face aux adversités qui se dressent contre nous. Au contraire, elle nous enlisera davantage dans la défaite.

Maintenant, si nous désirons avoir une autre foi, une foi capable de nous faire triompher du monde et de ses convoitises, le deuxième volet du verset vient de le préciser : ce que nous entendons devra venir de la parole de Christ. En cela, il n'y a pas de secret : si nous voulons avoir la foi qui vient de Dieu, nous devons nous exposer à un environnement où c'est la parole de Dieu, et la parole de Dieu uniquement qui s'exprime le plus.

Retenez ce principe : on ne peut avoir foi que dans ce qu'on connaît. S'il nous est difficile de croire en Dieu, c'est seulement parce que nous ne le connaissons pas assez. Si nous ne le connaissons pas assez, c'est uniquement parce que nous ne le fréquentons pas assez. Si nous ne le fréquentons pas assez, comment pouvons-nous être conscients de sa volonté et de ses projets ? Comment pourrons-nous être assez audacieux de nous attendre à un quelconque bienfait de sa part ? Le seul moyen de fréquenter Dieu et de nous familiariser avec lui réside dans sa parole qui est esprit et vie.

> *On ne peut avoir foi que dans ce qu'on connaît.*

2) Auto-évaluation

Cette vérité devrait nous amener à faire notre propre évaluation. Nous devons réfléchir aux questions pertinentes telles que :

- Quel type de relation ai-je avec la parole de Dieu ?
- La lecture de la Bible fait-elle partie de mes pratiques quotidiennes ?
- Quel genre de relation ai-je avec mon église ?

- Suis-je un chrétien occasionnel ou un chrétien régulier ?
- Qu'enseigne-t-on à mon église, la parole de Dieu ou d'autres paroles ?
- Dois-je continuer à fréquenter cette église ?
- Dois-je rompre pour un certain temps avec les informations médiatiques ?
- Dois-je réduire ou stopper les longues heures passées à regarder la télévision ?
- Consacre-je trop de temps à mes amis à des activités inutiles ?
- Dois-je changer le sujet de mes lectures régulières ?
- Dois-je réduire mes heures de sommeil pour en consacrer davantage à la lecture de la parole de Dieu ?
- Quel rapport y a-t-il entre la foi que je veux avoir et les musiques que j'écoute ?

La réponse à ces questions et à beaucoup d'autres vous dira précisément que si vous êtes sérieux, vous avez tout ce dont vous avez besoin pour changer votre vie afin d'obtenir la foi que vous voulez. Car la foi, même si c'est un don de Dieu, ne s'obtient pas gratuitement. Quel contraste ! La santé aussi est un don, de même que la vie. Combien cependant ne les ont pas reçues ?

La vérité, ce n'est pas que nous ne les ayons pas obtenues. Quoiqu'elles soient mises libéralement à notre portée, nous devons faire un effort pour aller les réclamer. Rappelez-vous toujours ceci: aucun cadeau n'est automatique que si vous l'acceptez et le réclamez comme étant vôtre.

Dans le contexte humain, on reçoit un cadeau. Mais du point de vue spirituel, il faut l'accepter et le réclamer. Comme dans certains domaines de la vie, la foi aussi se paie. Par contre, ce qui est garanti c'est qu'elle vous rembourse beaucoup plus que vous n'avez payé pour l'obtenir. Si une personne est ignorante de Dieu et de sa parole, elle ne pourra jamais avoir la foi en Dieu. Or, Dieu, tout comme nous, ne récompense jamais l'ignorance.

Dieu ne va pas vous honorer parce que tout simplement vous n'avez pas su comment faire fonctionner la foi. C'est pourquoi le Seigneur déclare : « *Mon peuple meurt parce qu'il lui manque la connaissance*[7]. »

---

7   Osée 4 : 6

Autrement dit, il est de notre responsabilité _autant que cela est possible_ de chercher à savoir tout ce que nous pouvons, parce qu'après nous aurons à rendre compte de ce que nous aurons appris ou pas. Dieu fait toute chose dans notre vie avec notre permission et notre participation. Dieu a mis la connaissance disponible, et il incombe à l'homme maintenant de se l'approprier, de la pratiquer et de l'utiliser pour son propre bien-être et celui de sa communauté.

Un cadeau ne vous appartient automatiquement que si vous l'acceptez et le réclamez comme étant vôtre.

D. QUATRIÈME ÉLÉMENT : LA PEUR

En scrutant la Bible, nous pouvons constater que la peur a toujours été l'un des plus grands handicaps de l'homme. Ce n'est pas sans conséquence que Dieu nous exhorte toujours à prendre le dessus sur nos peurs et les surmonter au moyen de la foi. La Bible dit : « *Dieu ne nous a pas donné un esprit de peur pour que nous soyons encore dans la crainte, mais il nous a donné un esprit de force, d'amour et de sagesse*[8]. » La peur est fatale à la foi pour les raisons suivantes :

1) La peur produit l'inaction

L'une des caractéristiques fondamentales de la foi consiste à agir conformément à ce que l'on croit et déclare. Ce n'est pas profitable de penser une chose et de faire une autre, de croire une chose et de faire autrement. Souvent l'ennemi utilise la peur pour nous empêcher de poser les actions qui attesteront notre foi en Dieu. La Bible dit : « *Celui qui n'avait reçu qu'un seul talent s'approcha ensuite, et il dit : Seigneur, je savais que tu es un homme dur, qui moissonnes où tu n'as pas semé, et qui amasses où tu n'as pas vanné ; j'ai eu peur, et je suis allé cacher ton talent dans la terre ; voici, prends ce qui est à toi.*[9] »

2) La peur offense Dieu

La peur est un acte irrévérencieux à l'endroit du Tout-Puissant dans la mesure où elle donne naissance à ce monstrueux enfant qu'est le doute. Ce

---

8   2 Timothée 1 : 7
9   Matthieu 25 : 24

dernier questionne tous les éléments fondamentaux qui constituent l'essence même de Dieu entre autres sa Fidélité, son omniscience, son omnipotence, son omniprésence, son immuabilité. Manipulés par la peur, les espions dépêchés par Moïse pour évaluer la terre promise firent un rapport disgracieux du pays dont ils devraient prendre possession. En dépit des preuves de l'abondance qu'ils ont vue et apportée, ils ont quand même été envahis par un découragement seulement dû à une peur des géants cananéens, qui en réalité n'étaient que les gardiens que Dieu avait placés pour surveiller et sécuriser le pays en attendant l'arrivée des véritables propriétaires.

Les explorateurs ont tous vu la richesse du pays. Ils ont été unanimes à voir que c'est un pays où coulent le lait et le miel comme l'Éternel le leur avait promis. Mais quand ils ont vu les géants cananéens, ils ne crurent plus en la promesse que l'Éternel leur avait faite. C'est à ce niveau que se situe leur désaccord avec Dieu. En se servant de leur raison et de leurs sens, ils se sont comparés aux habitants du pays ; et tout ce qu'ils ont obtenu comme résultat leur était défavorable. Ils conclurent : « *Nous étions à nos yeux et aux leurs comme des sauterelles*[10]. » La peur peut vous abaisser au niveau de conscience le plus dégradant et vous faire perdre l'accomplissement des promesses de Dieu.

> *La peur peut vous abaisser au niveau spirituel le plus dégradant et vous faire perdre l'accomplissement des promesses de Dieu.*

c) Le remède à la peur

a) Arrêtez de vous apitoyer et agissez !

La Bible dit que Caleb fit taire le peuple qui murmurait contre Moïse. Ce dernier a fait cette déclaration : « *Montons, emparons-nous du pays, nous y serons vainqueurs*[11] ! » L'une des raisons pour lesquelles les explorateurs avaient donné un compte-rendu aussi défavorable, c'est parce qu'ils croyaient pouvoir conquérir ce pays avec leur propre sagesse et leur capacité physique. Ils pensaient que ce

---

10   Nombre 13 : 33
11   Nombre 13 : 30

pays était trop merveilleux pour être abandonné si facilement par ses géants qui l'habitaient et qui étaient au fait des sentinelles placés à la surveillance de cette terre promise.

Par cette attitude odieuse, ils ont promptement oublié qu'ils ne furent pas ceux qui combattirent l'armée de Pharaon lors de la traversée miraculeuse de la mer Rouge. La peur peut nous faire passer pour des ingrats. Oubliant tout ce que Dieu a accompli dans le passé, nous laissons tomber souvent trop vite devant des situations parfois moins pesantes.

Caleb fit taire le peuple qui murmurait contre Moïse. Il dit : Montons, emparons-nous du pays, nous y serons vainqueurs ! Mais les hommes qui y étaient allés avec lui, dirent : « *Nous ne pouvons pas monter contre ce peuple, car il est plus fort que nous* ». Et ils décrièrent devant les enfants d'Israël le pays qu'ils avaient exploré. Ils dirent : « *Le pays que nous avons parcouru, pour l'explorer est un pays qui dévore ses habitants ; tous ceux que nous avons vus sont des hommes d'une haute taille, et nous avons vu les géants, enfants d'Anak, de la race des géants : Nous étions à nos yeux et aux leurs comme des sauterelles* [12] ! »

b) Participez avec Dieu.

Si l'on se fie à la déclaration de Rahab, on peut affirmer sans nul doute que les habitants de Jéricho étaient terrifiés. Israël les terrifiait à cause de la puissance du Dieu qui marchait avec eux. En effet, la nouvelle de l'exploit de la mer Rouge et l'anéantissement de l'armée égyptienne leur était parvenue jusque dans leur pays. Ce n'était pas l'armée d'Israël qui les effrayait mais le Dieu vivant qui l'accompagnait au combat. Terrifié par la peur, le peuple d'Israël décide d'enlever la direction de la bataille aux mains de Dieu pour se l'approprier. Quelle offense !

Cet affront envers Dieu aurait causé l'anéantissement total de tout le peuple sans l'intervention de Moïse. Cependant, quoiqu'elle ait eu la vie sauve, toute cette génération n'a pu retrouver le privilège de jouir des délices de ce pays. Cette offense leur a coûté quarante ans d'errance dans le désert. Un prolongement qui n'était pas prévu dans l'agenda de Dieu.

---

12   Nombre 13 : 30-32

Ainsi les Cananéens ont pu donc jouir des délices du pays quarante années de plus. Cette leçon nous enseigne que nos bénédictions ne resteront pas à Dieu sans être mises à la disposition de la terre.

Le malheur est que beaucoup de fois nous ne jouissons pas des bénédictions qui nous étaient pourtant destinées. Parfois ce sont nos ennemis qui en jouissent à notre place. Comme nous l'avons déjà dit, Dieu ne va rien faire dans notre vie sans notre permission et notre participation. Si nous ne voulons pas lui obéir, il peut attendre jusqu'à mille générations, s'il le faut. Mais il agira toujours favorablement envers ceux qui choisiront d'avoir foi en lui.

> *Dieu ne va rien accomplir dans votre vie sans votre permission et votre participation.*

E. CINQUIÈME ÉLÉMENT : LE MANQUE DE PARDON

1) Le pardon est une semence digne de la foi

Il est écrit dans l'évangile de Marc les paroles suivantes : « *Et, quand vous êtes debout faisant votre prière, si vous avez quelque chose contre quelqu'un, pardonnez, afin que votre Père qui est dans les cieux vous pardonne aussi vos offenses. Mais si vous ne pardonnez pas, votre Père qui est dans les cieux ne vous pardonnera pas non plus vos offenses*[13]. »

Dans la version Louis Segond, la section du chapitre 11, du verset 20 au verset 26 est ainsi titrée : « *La puissance de la foi* ». Je dis cela pour vous montrer le rapport qui existe entre les versets 25 et 26 avec les versets précédents. Dans ces deux versets, Jésus, le Maître, montre que nous devons nous débarrasser de tout esprit de haine et de vengeance avant de venir présenter nos prières à Dieu. Il ajoute : « *Si nous ne pardonnons pas à nos semblables, Dieu ne nous pardonnera pas non plus. Donc, si nous ne sommes pas pardonnés, nous sommes encore des pécheurs aux yeux de Dieu. Or Dieu n'exauce point les pécheurs. Si la foi, c'est marcher selon les principes de Dieu, cela implique que quiconque ne pardonne pas n'est pas dans la foi.* »

---

13   Marc 11 : 25-26

> *Le pardon est une somme qui,*
> *économisée à la banque de la foi,*
> *vous sera rétribuée au centuple*
> *lorsque viendra le besoin de soustraire une faute.*

2) Le pardon est une vertu qui s'applique démesurément à notre foi

Dans ce passage, nous voyons Pierre qui est venu demander au Maître combien de fois il doit pardonner à son prochain qui l'offense : Serait-ce jusqu'à sept fois ?, a-t-il demandé. Il y a une sorte de subtilité dans la question de Pierre. Il voulait tirer une certaine satisfaction à travers la question.

Généralement, les maîtres juifs enseignent de pardonner jusqu'à trois fois, et donc pour Pierre il devrait être généreux de pardonner jusqu'à sept fois. C'est plus que le double. Il a largement dépassé ce que réclament la tradition et les enseignements de la Loi; et de plus, il a fait mention du chiffre sept qui renvoie à la perfection. Selon Pierre, pardonner une personne jusqu'à sept fois en une seule journée relève de la perfection absolue. Mais le Maître répondit : « *Je ne te dis pas jusqu'à sept fois, mais jusqu'à septante fois sept fois*[14]. »

Cette expression réfère à deux choses. Elle signifie « *pleinement* » et « *indéfiniment* ». Autrement dit, pardonner est un devoir que nous devons accomplir autant de fois que nécessaire. C'est sûr que Pierre était renversé par cette réponse. Il s'est rendu compte combien il était loin d'atteindre la perfection. Mais ce que le Maître veut que nous fassions, c'est de pardonner autant de fois qu'il soit nécessaire. La somme des pardons que nous devons donner ne peut être que proportionnelle à la somme des offenses qui nous auront été faites.

3) Le pardon n'est pas une option

La Bible déclare à ce sujet : « *Caïn sera vengé sept fois, et Lemec, soixante-dix-sept fois*[15]. » Lemec, un fils de Caïn, a institué la loi de la vengeance. Dans le texte,

---

14   Matthieu 18 : 22
15   Genèse 4 : 24

Lemec proposait de venger soixante-dix-sept fois sept fois. Quelle est la morale de ce passage ? La compréhension du passage résulte de la valeur réelle du nombre soixante-dix-sept fois sept fois. Je ne le connais pas encore mais je peux déduire que selon la réponse que Jésus a donnée à Pierre, il ne nous est pas recommandé de choisir si nous voulons pardonner ou non. De plus le volume de pardon que nous devons donner doit être illimité.

Un autre exemple avancé par Jésus sur la question est la parabole du serviteur impitoyable. Le manque ou le refus de pardonner peut déclasser les anciens péchés du croyant dans les oubliettes du passé pour les remettre à nu aux yeux de Dieu. En ce sens, pardonner aux autres ne peut être en aucun cas une option mais une obligation.

> *La somme des pardons que nous devons accorder à nos semblables doit être à la mesure des offenses qu'ils nous auront faites.*

F. SIXIÈME ÉLÉMENT : LE MANQUE DE CARACTÈRE

Le chemin de la foi est souvent une route solitaire. Celui qui est tributaire de l'opinion d'autrui trouvera certainement pas mal de prétextes pour abandonner. C'est pourquoi celui qui n'est pas encore libéré du complexe d'infériorité ne sera pas capable de se maintenir sur ce chemin. Marcher avec Dieu exige beaucoup de courage et de caractère. À l'appui de cette question de caractère, considérons certains personnages de qui nous pouvons beaucoup apprendre :

1) Josué et le roi Saül

Vers la fin de sa vie, Josué convoqua tout le peuple et mit devant eux un choix décisif concernant leur orientation spirituelle : « *Et si vous ne trouvez pas bon de servir l'Éternel, choisissez aujourd'hui qui vous voulez servir, ... Moi et ma famille, nous servirons l'Éternel.* » Josué a choisi catégoriquement et publiquement de servir Dieu. Dans ce contexte, que se passerait-il si le peuple n'était pas important pour lui ?

Cependant, d'un autre côté, nous avons le roi Saül, dont le style de leadership différait complètement de celui de Josué. Saül, en effet, pour plaire à ses officiers dut enfreindre l'ordre que Dieu lui avait donné par le prophète Samuel :

« L'Éternel t'avait fait partir en disant : va, et dévoue par interdit ces pécheurs, les Amalécites ; tu leur feras la guerre jusqu'à ce que tu les aies exterminés. Pourquoi n'as-tu pas écouté la voix de l'Éternel ? Pourquoi t'es-tu jeté sur le butin, et as-tu fait ce qui est mal aux yeux de l'Éternel ? Saul répondit à Samuel : J'ai bien écouté la voix de l'Éternel, et j'ai suivi le chemin par lequel m'envoyait l'Éternel. J'ai amené Agag, roi d'Amalek, et j'ai dévoué par interdit les Amalécites ; mais le peuple a pris sur le butin des brebis et des bœufs, comme prémisse de ce qui devait être dévoué, afin de les sacrifier à l'Éternel, ton Dieu, à Guilgal. »

> *Vos talents peuvent vous porter à une altitude où votre manque de caractère ne pourra vous maintenir.*

2) Daniel et ses compagnons

Que dire de Daniel et de ses trois amis ? Un chrétien qui n'a pas de caractère ne verra jamais sa foi parvenir à son paroxysme, parce que l'ennemi ne manquera pas de lui envoyer des circonstances pour tester la fermeté de sa position et la véracité de ses déclarations de foi. Que faire quand ma foi menace mon statut social ? Que faire quand ma foi et mes intérêts matériels ne concordent pas ? Que faire quand ma foi est une menace pour ma vie physique ? La vie de ces héros : Daniel, Mischaël, Azaria et Hanania éclairera avec brio ces questions.

Nebucadnetsar prit la parole et leur dit : « Est-ce de propos délibéré, Schadrac, Meschac et Abed-Nego, que vous ne servez pas mes dieux, et que vous n'adorez pas la statue d'or que j'ai élevée ? Maintenant tenez-vous prêts, et au moment où vous entendrez le son de la trompette, du chalumeau, de la guitare, de la sambuque, du psaltérion, de la cornemuse, et de toutes sortes d'instruments, vous vous prosternerez et vous adorerez la statue que j'ai faite ; et si vous ne l'adorez pas, vous serez jetés à l'instant même au milieu de la fournaise ardente. Et quel est le dieu qui vous délivrera de ma main ? Schadrac, Méschac et Abed-Nego répliquèrent au roi Nebucadnetsar : Nous n'avons pas besoin de répondre là-dessus. Voici, notre Dieu que nous servons peut nous délivrer de la fournaise ardente, et il nous délivrera de ta main, ô roi. Sinon, sache, ô roi, nous ne servirons pas tes dieux, et que nous n'adorerons pas la statue d'or que tu as élevée[16]. »

Ceci est un exemple patent de serviteurs de Dieu imprégnés d'une conviction inébranlable, dont les cœurs étaient dilués dans celui de Dieu, montrant leur solide foi devant quiconque oserait insulter leur Dieu Tout-Puissant. Puisse cette tranche d'histoire vous servir de miroir pour vous regarder vêtus de ce modèle de foi devant les circonstances déstabilisantes de la vie. Lisez par vous-même la suite du récit car il vous sera très bénéfique.

Résumé du chapitre II

Si nous sommes conscients de l'importance d'avoir la foi, et si nous commençons à avoir une idée de ce qu'elle peut être, il est fondamental de bien maîtriser les éléments qui peuvent faire obstacle à sa croissance et nuire à sa maturité afin de mieux les contourner. Dans ce chapitre, nous avons appris que ces éléments sont :

1. L'incrédulité, *parce que c'est :*
- *Une attitude qui fait de Dieu un menteur.*
- *Une caractéristique de l'homme insensé.*
- *Un comportement moqueur et qui offense Dieu.*
- *Une attitude dévalorisant Dieu.*
- *Une attitude dangereuse jusqu'à nous opposer à Dieu.*

2. Nos cinq sens, *parce que :*
- *Ce sont les seules armes dont dispose Satan pour nous nuire.*
- *C'est dans notre nature de mal utiliser nos sens contre nous-mêmes.*

3. L'ignorance, *parce que :*
- *C'est un état d'inculture spirituelle qui nous fait agir à l'encontre du merveilleux plan de Dieu pour notre vie.*
- *En dehors de la connaissance de la parole de Dieu, nous ne pouvons pas avoir la foi.*
- *La foi ne se développe et ne se nourrit que grâce à la connaissance que nous avons de la parole de Dieu.*

4. La peur :
- *La peur est un opposant farouche à notre foi.*
- *Elle nous paralyse et nous rend improductifs.*
- *Elle offense Dieu et le fait passer pour un menteur.*
- *Elle nous rabaisse à nos propres yeux.*
- *Le remède à la peur, c'est l'action.*

5. Le manque de pardon :
- *La rancune et les ressentiments sont un poison pour la croissance de notre foi.*

-La rancœur est une horreur aux yeux de Dieu.

- Celui qui n'accorde pas le pardon à son prochain ne pourra s'attirer non plus le pardon de Dieu.

- Nous devons pardonner indéfiniment, autant que cela s'avérera nécessaire.

- Le pardon n'est pas une option, c'est un commandement de Dieu.

6. Le manque de caractère :

- Le caractère est l'un des éléments capables de mieux nous retenir dans la foi.

- Il immunise contre les médisances et les bruits extérieurs.

- Il est la vertu capable de nous maintenir au sommet de notre succès.

- Le manque de caractère nous fait agir pour plaire aux hommes plutôt que pour obéir à Dieu.

Conseil :

« *Il se pourrait, en étudiant ce chapitre, que vous ayez identifié quelques-uns de vos points forts ou de vos points faibles. Et je dis que c'est très bien. Mais quoiqu'il en soit, votre devoir sera de travailler avec l'aide du Saint-Esprit et la lecture régulière de la Parole de Dieu afin de maintenir votre force et renforcer vos faiblesses. Car forts ou faibles, nous avons tous besoin de l'aide du Consolateur pour plaire à notre Dieu par le truchement de notre foi.* »

Lectures suggérées :
Josué 1, 1-9, Hébreux 4, 12 et II Timothée 3, 14-17.

« *Puisse Dieu vous bénir et vous faire triompher des obstacles à la croissance de votre foi en Lui* ! »

CHAPITRE III

Les piliers de la foi

Au point où on en est, j'espère que vous commenciez à avoir une idée véritable de ce qu'est la foi. La foi, c'est une force, une énergie capable de déplacer des montagnes. Cependant la foi n'est pas une vertu isolée, elle a des éléments fondamentaux qui la constituent que nous ne pouvons en aucune manière ignorer. Celui qui, en effet, déclare avoir la foi doit nécessairement avoir des fondements sur lesquels l'appuyer. Dans le cas contraire, c'est de la démagogie, de la pure folie ou simplement de la présomption. Dans ce chapitre, nous nous proposons d'étudier l'un après l'autre les piliers indissociables de la foi.

A. Premier pilier : la connaissance

L'esprit rationnel tentera de confondre la foi avec la naïveté. Mais la foi n'est pas cela. Si la foi semble naïve, cela résulte de l'ignorance de celui qui l'exerce ou de l'observateur. Celui qui exerce la foi dans la connaissance de la parole de Dieu est supposé détenir une information que celui qui observe n'a pas. Ce dernier ne peut comprendre ce qui se passe. C'est comme deux personnes se mouvant dans deux univers diamétralement opposés. Cette information est pluridimensionnelle. Elle examine premièrement l'objet de la foi, c'est-à-dire la motivation du croyant.

Deuxièmement, elle considère le fondement de cette motivation, c'est-à-dire la connaissance de la parole de Dieu d'où cette foi tire son point d'appui. Troisièmement, elle concerne celui qui se porte garant de cette foi. Quatrièmement, elle évalue les rapports du croyant avec celui qui lui assure la matérialisation de ses désirs. Finalement, elle nous assure qu'à travers le sacrifice christique, nous avons tout obtenu en vue de notre salut éternel et de notre bien-être matériel. Considérons chacune de ces dimensions séparément :

1) Testons notre motivation.
(L'objet de notre foi)

La Bible dit que Dieu a tout fait pour un but. Permettez-moi d'ajouter que Dieu donne également toute chose pour un but. Lorsque ce dernier n'est pas la motivation de nos initiatives, tout ce que nous faisons, quelques sacrifices que nous puissions consentir ne sont que poursuite du vent et peine perdue. Avant de nous exercer à la foi, nous devons nous assurer de connaître la volonté de Dieu et la relation qui nous lie ensemble. C'est cette dimension de connaissance de la parole de Dieu qui nous donnera des mobiles convenables pour faire usage de notre foi et triompher de nos limitations.

Dans la Bible, il est dit : « *À l'Éternel la terre et ce qu'elle renferme, le monde et ceux qui l'habitent*[1]. » Si la terre entière appartient à mon Père, il n'est aucun doute que je suis pleinement héritier de toutes les richesses de la terre. D'où vient cette mauvaise attitude qu'ont certains chrétiens face à la richesse ? Ils ignorent que tout ce qui existe sur cette terre appartient à leur Père. Cette mentalité de pauvreté est indigne d'un fils de Dieu. Persister dans cette voie déplait fortement à Dieu. Avec cette mentalité, ils ne peuvent se servir efficacement de leur foi pour s'approprier les richesses de Dieu et faire avancer son royaume sur cette planète.

2) L'objet de notre foi doit être fondé sur les promesses de Dieu

La Bible dit que Dieu, dans sa divine puissance, nous donne tout ce qui contribue à la vie et à la piété. Maintenant qu'est-ce qui contribue à la vie ? On ne saurait bien répondre à cette question sans être bien imbu de l'excellente qualité de vie que Dieu nous réserve. Jésus a dit : « *Je suis venu pour que les brebis aient la vie, et qu'elles soient dans l'abondance*[2]. »

En conséquence, une vie pleine et entière, c'est cette qualité de vie que Dieu nous réserve. Dans tout ce qui contribue à la vie, on est en droit de voir tout ce qui favorise une vie bien équilibrée sur les plans spirituel, physique, émotionnel et matériel. Jésus est venu nous assurer la vie éternelle, et cette vérité doit être le fondement inébranlable de toute foi convenable. La vie éternelle, ce n'est pas une

---

1 Psaume 24 : 1
2 Jean 10 : 10

expérience qui peut se faire seulement après notre mort ou notre résurrection, elle est une vie pleine et entière, protégée des fatalités de ce monde, une vie sans alternance de santé et de maladie, de richesses et de pauvreté, de rires et de pleurs. C'est une vie continuellement préservée en Dieu. Or, nous sommes sûrs d'avoir déjà cette vie, par Jésus-Christ, notre Seigneur et Sauveur.

Quand un citoyen du royaume ne prospère pas à tous égards, il commet un énorme péché. Il est en train de dire qu'il n'a pas de foi en ce sacrifice qui dut coûter à Dieu son unique Fils et à Jésus sa propre vie. Parce que le Christ à travers son œuvre expiatoire a déjà payé pour que nous jouissions de ces bénédictions, nous sommes libres de demander, par la foi, tout ce dont nous avons besoin pourvu que notre évaluation du motif de notre foi nous assure que cela contribue à la vie et à la piété.

3) Celui qui garantit notre foi est fidèle

La Bible donne beaucoup d'informations concernant Dieu et ses caractéristiques. Dans la désobéissance du roi Saül, le prophète Samuel enseigne à propos des caractéristiques de Dieu ce qui suit : « *Dieu n'est point un homme pour mentir ni le fils d'un homme pour se repentir, ce que sa bouche a dit sa main est suffisamment puissante pour l'accomplir.* » Pour sa part, Dieu, par les prophéties d'Esaïe, dit de lui-même : « *La Parole qui sort de ma bouche ne retourne point à moi sans effet, sans avoir exécuté ma volonté et accompli mes desseins*[3]. » Plus près de nous, l'apôtre Paul nous exhorte ainsi : « *Ne vous inquiétez de rien mais en toutes choses, faites connaître vos besoins à Dieu par des prières et des supplications avec des actions de grâce*[4]. »

Il est important et même indispensable de connaître Dieu avant d'avoir l'assurance que nous pouvons recevoir quelque chose de lui, d'autant que connaître son mode de fonctionnement et ses caractéristiques sont les seules garanties pour pouvoir expérimenter une foi efficace et efficiente. Cette ignorance ne peut être noyée que dans l'étendue de la connaissance de la parole de Dieu ; et c'est cette même initiative qui nous fera connaître ses promesses, sa toute-puissance et sa

---

3   Ésaïe 55 : 11
4   Philippiens 4 : 6

fidélité infaillible.

D'un autre côté, le psalmiste David, faisant l'éloge de Dieu, dit : « *À l'Éternel la terre et tout ce qu'elle renferme, le monde et ceux qui l'habitent*[5]. »

Dans la connaissance, nous sommes amenés à formuler nos demandes en conformité avec les normes établies au préalable par Dieu. Il vaut mieux connaître à l'avance que l'indicible amour que Dieu éprouve pour nous n'est pas une raison valable pour lui de planer au-dessus des principes qu'il a lui-même établis. De même, lorsqu'on dispose d'un appareil électroménager, pour le faire fonctionner au mieux de son utilité, il faut prendre le temps de lire le manuel d'utilisateur, de même aussi, nous disposons gratuitement et généreusement de la foi, mais nous ne saurons l'utiliser parfaitement qu'à travers la connaissance de Dieu et de sa parole.

4) Évaluons notre relation avec le Dieu de la parole

Remarquez que j'ai utilisé le mot « *évaluer* », cela devrait vous rappeler que l'on ne peut pas évaluer une relation qui n'a jamais existé. Cela veut dire également qu'une personne ne peut s'exercer à la foi en Dieu en dehors d'une relation avec lui. La relation peut avoir une certaine dimension, et c'est selon cette dimension relationnelle avec le Père que nous ferons l'expérience d'une foi capable de déplacer une montagne ou de nous procurer avec peine le pain quotidien.

La Bible dit : « *Approchons-nous donc avec assurance du trône de la grâce afin d'obtenir miséricorde et de trouver grâce, pour être secourus dans nos besoins*[6]. »

Comment peut-on s'approcher de quelqu'un avec assurance sans avoir une certaine relation avec lui ? D'où l'importance pour le chrétien de connaître avec certitude sa véritable identité en Christ. Sans cette connaissance le chrétien ne pourra jamais s'approcher de Dieu avec assurance.

Dieu regarde du haut des cieux pour voir s'il y a quelqu'un qui soit intelligent et qui le cherche. C'est bien dommage que la réponse fut que tous sont égarés, tous

---

5   Psaume 24 : 1
6   Hébreux 4 : 16

sont pervertis, aucun ne fait le bien, pas même un seul. Au regard de ce verset, qui oserait lever la tête et regarder Dieu en face ? Ce verset décrit la situation générale de l'humanité en dehors de Christ.

En effet, quand quelqu'un reçoit Christ pour son Sauveur et Seigneur il ne fait plus partie de cette catégorie. D'ennemi de Dieu qu'il était, il est devenu son cher enfant par la foi en Jésus-Christ: « *Mais à tous ceux qui l'ont reçue, à ceux qui croient en son nom, elle a donné le pouvoir de devenir enfants de Dieu, lesquels sont nés, non du sang, ni de la volonté de la chair, ni de la volonté de l'homme, mais de Dieu[7].* »

L'apôtre Paul affirme que le Christ par son œuvre expiatoire a déchiré l'acte de condamnation légale qui subsistait contre nous : « *Vous qui étiez morts par vos offenses et par l'incirconcision de votre chair, il vous a rendus à la vie avec lui, en nous faisant grâce pour toutes nos offenses; il a effacé l'acte dont les ordonnances nous condamnaient et qui subsistait contre nous, et il l'a détruit en le clouant à la croix[8].* » C'est pourquoi, il s'est adressé aux Romains avec autant d'autorité pour dire : « *Il n'y a donc maintenant aucune condamnation pour ceux qui sont en Jésus-Christ[9].* » Par la foi, nous avons accès à la sainte présence de Dieu.

L'apôtre Paul affirme encore que le Christ, par son sacrifice à la croix a renversé la barrière de séparation qui existait entre les hommes, et les murs d'inimitié qui s'érigeaient entre les hommes et Dieu. Puisque les barrières ne sont plus, les croyants peuvent s'approcher de Dieu au travers de cette route nouvelle que le Christ a inaugurée : « *Mais maintenant, en Jésus Christ, vous qui étiez jadis éloignés, vous avez été rapprochés par le sang de Christ. Car il est notre paix, lui qui des deux n'en a fait qu'un, et qui a renversé le mur de séparation, l'inimitié, ayant anéanti par sa chair la loi des ordonnances dans ses prescriptions, afin de créer en lui-même avec les deux un seul homme nouveau, en établissant la paix, et de les réconcilier, l'un et l'autre en un seul corps, avec Dieu par la croix, en détruisant par elle l'inimitié. Il est venu annoncer la paix à vous qui étiez loin, et la paix à ceux qui étaient près; car,*

---

7   Jean 1 : 12-13
8   Colossiens 2 : 12-14
9   Romain 8 : 1

par lui nous avons les uns et les autres accès auprès du Père, dans un même esprit.[10] »

Vous avez vu qu'en recevant Christ dans sa vie comme son Sauveur et Seigneur, l'homme devient enfant de Dieu. Étant devenu son enfant, Dieu a remis en lui ce qu'Adam avait perdu lors de sa chute. Dans son épître aux Romains, Paul dit que Dieu a donné au croyant l'Esprit d'adoption et cet Esprit convainc l'esprit du croyant qu'il est véritablement fils de Dieu au même titre que le Christ. Il ajoute plus loin que non seulement le croyant est devenu enfant de Dieu mais il est aussi héritier de Dieu au même titre que le Christ. Cette dimension de connaissance permettra au croyant de s'approcher de Dieu avec la plus ferme assurance pour jouir de sa présence et recevoir toute aide que sa situation exige.

5- Nous avons tout pleinement en Jésus-Christ

Considérons ce passage messianique : « *L'Esprit*[11] *du Seigneur, l'Éternel, est sur moi, car l'Éternel m'a oint pour porter de bonnes nouvelles aux malheureux; il m'a envoyé pour guérir ceux qui ont le cœur brisé, pour proclamer aux captifs la liberté, et aux prisonniers la délivrance; pour publier une année de grâce de l'Éternel, et un jour de vengeance de notre Dieu; pour consoler tous les affligés; pour accorder aux affligés de Sion, pour leur donner un diadème au lieu de la cendre, une huile de joie au lieu du deuil, un vêtement de louange au lieu d'un esprit abattu, afin qu'on les appelle des térébinthes de la justice, une plantation de l'Éternel, pour servir à sa gloire.* »

a) Une bonne nouvelle aux pauvres :

Nous héritons du sacrifice du calvaire une vie enrichie et parfaitement comblée en Jésus-Christ. Le Seigneur s'est assuré d'avoir mis à notre disposition toutes sortes de provisions relatives à nos différentes catégories de besoins matériels. Il suffit de le croire, de remercier Dieu par Jésus-Christ et de les réclamer comme étant vôtres.

b) La guérison de ceux qui ont le cœur brisé :

Avoir le cœur brisé peut être une cause de dépression, de stress et une source de découragement. Beaucoup de personnes restent entravées par cette situation.

---

10   Éphésiens 2 : 13-17
11   Ésaïe 61 : 1-3

Certaines d'entre elles n'ont pu trouver de refuge que dans le suicide, d'autres tombent victimes de maladies dégénératives, d'autres encore sont atteintes de folie. Contre ce genre de malédiction aussi, Dieu nous a immunisés en Jésus-Christ.

c) La délivrance aux captifs :

Un captif est une personne qui est retenue contre sa volonté. Y a-t-il des situations ou des circonstances telles que la maladie, la pauvreté, le manque, le doute qui vous tiennent captifs ? Le Christ a déjà pourvu à votre délivrance à la croix. Croyez en lui et remerciez-le de ce divin cadeau.

d) La liberté aux prisonniers :

De qui ou de quoi êtes-vous prisonniers ? De la dette, de la colère, du sexe, de la drogue ou de la cigarette ? Qu'importent les addictions qui vous retiennent prisonniers, sachez qu'en Jésus-Christ vous êtes libres, et que par ses souffrances, sa mort et sa résurrection, il a complètement payé pour votre élargissement. Vous n'êtes pas obligés de passer un jour de plus en prison. L'histoire rapporte que deux ans après l'abolition de l'esclavage aux États-Unis, il y avait encore des esclaves dans le Sud ségrégationniste. La raison : ils ignoraient l'existence de la loi sur l'abolition de l'esclavage. Les maîtres de ces esclaves n'avaient absolument aucun intérêt à les informer de l'existence de cette loi. Si votre état de prisonnier était fonction de votre ignorance, à partir de maintenant, vous êtes pleinement et entièrement responsable de votre situation, car vous voilà face à la vérité de Dieu sur votre condition.

e) À la croix, Christ a échangé sa vie enrichie à tous égards contre la nôtre :

- Une huile de joie contre un cœur brisé et un esprit abattu.
- Un vêtement de louange contre le deuil et la cendre.
- Sa vie éternellement enrichie à tous égards contre la nôtre caractérisée par toutes sortes de manque.

Si vous faites face à des circonstances humiliantes ou à des situations accablantes, sachez que Jésus-Christ, par sa croix, a tout vaincu. Seul le croyant faisant usage de la foi en connaissance de cause pourra effectivement triompher du monde et de ses privations.

> À la croix, Christ a échangé sa vie enrichie
> à tous égards contre la nôtre.

B. Deuxième pilier : l'Assurance

1) Approche de l'épître aux Hébreux.

L'auteur de l'épître aux Hébreux donne de la foi la définition la plus concluante : « *Or la foi est une ferme assurance des choses qu'on espère, une démonstration de celles qu'on ne voit pas*[12]. » Comment cette assurance s'explique-t-elle ? Un dictionnaire définit l'assurance comme un sentiment de sécurité, une quiétude d'esprit qui entraîne l'aisance dans le comportement d'une personne, l'audace et même la hardiesse de prendre des risques moyennant une garantie obtenue de quelqu'un ; c'est une certitude ou une conviction intime.

D'après cette définition, on peut dire que l'assurance en matière de foi c'est comme du cash. Mais sur quoi cette assurance se fonde-t-elle ? Peut-on avoir une ferme assurance basée sur des ouï-dire ? Ce serait de la naïveté et une mauvaise compréhension du mot « *assurance* ».

L'assurance d'une personne dépend toujours d'une information qu'elle détient. Qu'est-ce qui peut assurer ma foi en la promesse d'une voiture de luxe ? Ma foi en cette promesse sera fonction de la connaissance obtenue de l'auteur. Est-ce quelqu'un qui a les moyens pour matérialiser la promesse ? De combien de voitures de luxe dispose-t-il ? Supposons qu'il ait les moyens, une autre question se pose encore : Est-ce une personne de parole ? Ou, a-t-il cette culture d'honorer toujours ses promesses ? Enfin quelle relation ai-je avec lui ? M'aime-t-il assez pour me faire ce don ? Je ne peux pas avoir cette ferme assurance tant que je n'ai pas une réponse affirmative à chacune de ces questions.

> *L'assurance en matière de foi, c'est comme du cash.*

---

12   Hébreux 11 : 1

2) Dans la foi, Dieu nous assure une abondance transcendant notre imagination.

Dieu est celui qui fait les promesses. À lui la Terre et tout ce qu'elle renferme, le monde et ceux qui l'habitent. Toute grâce excellente, tout don parfait viennent de lui. L'abondance est naturelle dans son royaume. De plus, il est désireux de toujours nous donner toute chose avec abondance, et a la capacité de donner infiniment au-delà de tout ce que nous pourrions demander et même imaginer. Ce Dieu est notre Père qui nous aime d'un amour éternel.

Aucun père sur terre ne pourra l'égaler. Son désir le plus cher est de nous combler de bonnes choses. Son cadeau le plus précieux, il nous l'a déjà donné. Rien ne l'empêchera de nous donner les autres choses de la vie. Son ambition la plus chère, c'est de nous combler des bénédictions de toutes sortes pour qu'en tout temps et en toute chose nous ayons les moyens de satisfaire nos besoins. Il nous en restera suffisamment pour pouvoir bénir les autres et contribuer à l'avancement de son règne sur cette terre. Pourquoi devons-nous hésiter ?

Le Dieu de la Promesse reste toujours le même. En lui il n'y a ni changement ni ombre de variation. La fidélité est consubstantielle à sa nature. Tout ce que sa bouche promet, sa main est assez puissante pour l'accomplir. Y a-t-il quelque chose qui soit étonnant de sa part ? Il est impossible qu'il mente, que lui seul soit reconnu pour vrai et tout homme pour menteur. La ferme assurance du croyant devrait trouver sa raison d'être amplement fondée dans sa connaissance de la nature de Dieu, de ses promesses et de son amour éternel prouvé à travers Jésus-Christ :

« *Nous avons auprès de lui cette assurance, que si nous demandons quelque chose selon sa volonté, il nous écoute. Et si nous savons qu'il nous écoute, quelque chose que nous demandions, nous savons que nous possédons la chose que nous lui avons demandée*[13]. »

> *L'abondance est naturelle dans le royaume de Dieu.*

---

13   1 Jean 5 : 14-15

3) L'espérance bien orientée est l'élément primaire de la foi.

L'espérance est le sentiment qui fait entrevoir comme probable la réalisation de ce qu'on désire. C'est ce qui fait l'objet d'un élan de confiance. Par cette définition, on peut comprendre que l'espérance ne vise que l'objet. Elle est comme un trait d'union invisible entre celui qui espère et la chose qu'il espère. Quel est le rôle de la connaissance ici ?

Le croyant doit s'assurer que son espérance soit toujours placée sur le bon objet. Cela veut dire que le croyant consulte la parole de Dieu afin de s'assurer que cette chose-là (*objet*) ait été promise par la parole de Dieu. S'il s'agit d'une chose que le Seigneur n'a pas promise cette espérance sera vaine. Il y a au moins une promesse de Dieu dans la Bible pour chaque besoin auquel ses enfants peuvent éventuellement faire face dans la vie. Il ressort de la responsabilité du croyant de connaître ces promesses le mieux possible pour son bien-être et la joie du Dieu notre Père.

C. Troisième pilier : l'imagination

L'imagination, c'est la capacité que possède l'esprit de l'homme de se représenter des images. C'est de l'inspiration créatrice. Nous avons dit plus haut que l'espérance entrevoit déjà la réalisation de « *l'objet* ». L'imagination, c'est la capacité de créer des images mentales qui se substituent à la réalité. Les psychologues disent que le subconscient a deux fonctions : la mémoire dont le rôle est de rejouer le passé et l'imagination, de préjouer l'avenir.

Dans le contexte de la foi, cette dernière faculté du subconscient est un pilier fondamental. Il ne s'agit pas d'une simple recette psychologique mais c'est une vérité qui est profondément enracinée dans la parole de Dieu. Tous ceux-là, qui dans la Bible, ont pu réaliser des exploits et accomplir de grandes choses selon la volonté de Dieu, y sont parvenus grâce à cet aspect de leur foi.

1) Créez l'image de votre désir dans votre pensée

La Bible présente une foi pareille à celle d'Abraham. Ce type de foi est inhérent à une vertu qui appelle les choses qui ne sont point comme si elles étaient. C'est cela la foi : vivre nos attentes dans notre esprit, c'est-à-dire agir dans la conscience d'être et passer de l'imagination à la réalité. Autrement dit, je me comporte comme étant riche et prospère, et je deviendrai immanquablement riche et prospère : « *Or, la foi est une ferme assurance des choses qu'on espère, une démonstration de celles qu'on ne voit pas*[14]. »

La ferme assurance révèle l'état de mon esprit ou de ma pensée, et la démonstration est l'expression de mon état intérieur. La ferme assurance doit être synchronisée avec la démonstration extérieure. Je dois être dans mon corps tel que je suis dans mon esprit. Cela implique un comportement, une attitude que nous affichons qui correspond à la réalité que nous voulons. Pour que nous puissions donner cette démonstration, nous devons arriver à créer l'image de ce dont nous avons besoin dans notre pensée.

Après avoir présenté un problème à Dieu par la prière, nous ne pouvons plus nous laisser dominer par ce problème. Nous devons remplacer l'image du problème par celle de la solution. Lorsque nous entretenons cette image dans notre pensée, nous parlerons et agirons comme si le problème était déjà résolu. C'est exactement ainsi que Dieu veut que nous agissions dans nos rapports avec lui. On doit adopter cette attitude pour la prière et face à l'accomplissement de ses promesses dans notre vie.

> *La foi, c'est vivre nos attentes dans notre esprit.*

2) La vision

a) Apprenez à vivre vos désirs au quotidien.
L'exemple d'Abraham

La Bible dit : « *Après ces événements, la parole de l'Éternel fut adressée à Abram dans une vision, et il dit: "Abram, ne crains point; JE SUIS ton bouclier, et ta récompense sera très grande". Abram répondit: "Seigneur Éternel, que me donneras-tu? Je m'en vais sans enfants; et l'héritier de ma maison, c'est Éliézer de Damas". Et Abram dit: "Voici, tu ne m'as pas donné de postérité, et celui qui est né dans ma maison sera mon héritier". Alors la parole de l'Éternel lui fut adressée ainsi: Ce n'est*

---

14   Hébreux 11 : 1

pas lui qui sera ton héritier, mais c'est celui qui sortira de tes entrailles qui sera ton héritier[15]. Et après l'avoir conduit dehors, il dit: "Regarde vers le ciel, et compte les étoiles, si tu peux les compter. Et Il lui dit: Telle sera ta postérité".

Dans ce passage, nous trouvons un dialogue entre Dieu et Abraham. Cette conversation couvre tout le chapitre. Dieu renouvela ses promesses à Abraham en lui demandant de faire usage de sa vision. La vision n'est pas une fonction des yeux, mais de l'imagination. C'est ce qui s'appelle dans un langage figuratif de la Bible « *les yeux de l'esprit* ».

Au verset 5, Dieu l'invita à sortir (*car la conversation avait lieu à l'intérieur de la maison*) et lui dit : Regarde vers le ciel, et compte les étoiles, si tu peux les compter. Et il ajouta : Telle sera ta postérité. Nous voyons que Dieu a mis Abraham en situation pour se défaire de l'image selon laquelle il n'avait pas d'enfant et la remplacer par une image qui s'accorde avec les promesses que Dieu lui avait faites. Abraham garda et nourrit cette nouvelle image dans sa pensée ; ses paroles et ses actes s'accordèrent alors avec l'image que les promesses de Dieu avaient créée dans son esprit.

Finalement, dans le chapitre 17 :5, Dieu changea son nom (*car il s'appelait Abram, ce qui signifiait père d'une nation*) en celui d'Abraham, ce qui signifie père d'une multitude de nations. Il avait désormais un meilleur moyen de maintenir l'image dans son esprit. Auparavant, il s'évertuait tout seul à la maintenir. Chaque fois que sa femme ou quelqu'un d'autre l'appela, l'image lui revenait immédiatement à l'esprit, car c'était la signification même de son nom. L'image de ce que nous attendons ou de ce que nous voulons être en Dieu doit être bien vivante dans notre esprit.

> *L'image de ce que nous attendons*
> *ou de ce que nous voulons être en Dieu*
> *doit être gardée bien vivante dans notre esprit.*

---

15   Genèse 15 : 2-5

b) Changez l'image qui domine votre pensée.
L'exemple de Moïse

La Bible dit : « Moïse répondit au peuple: « *Ne craignez rien, restez en place, et regardez la délivrance que l'Éternel va vous accorder en ce jour; car les Égyptiens que vous voyez aujourd'hui, vous ne les verrez plus jamais*[16] ».

Dans ce chapitre, nous voyons qu'immédiatement après sa sortie d'Égypte, le peuple fut confronté à un danger imminent. Ils empruntèrent une voie à sens unique. Quand ils eurent atteint l'extrémité, ils regardèrent en arrière et virent l'armée du Pharaon à leurs trousses alors que la mer Rouge était devant eux. Le peuple s'affola et ne sut que faire. Ils commencèrent à faire des reproches à Moïse.

Au verset 13, Moïse leur parla et dit : « *Ne craignez rien, restez en place, et regardez la délivrance que l'Éternel va vous accorder en ce jour; car les Égyptiens que vous voyez aujourd'hui, vous ne les verrez plus jamais.* » Moïse pouvait parler de la sorte parce que c'était Dieu qui lui avait dit de prendre cette direction avec le peuple. Il ne doutait aucunement de la fidélité de Dieu. C'est pourquoi il est resté calme devant la situation. Il dit au peuple de fixer ses yeux sur la délivrance et non sur le problème.

Lorsque nous avons les yeux fixés sur le problème, notre pensée le nourrit davantage. Ainsi nous donnons l'occasion à la peur et au doute de creuser leur chemin dans notre vie. Dès lors, selon l'auteur de l'épître aux Hébreux, nous devenons désagréables à Dieu. Vous devez connaître cette vérité : L'image qui domine votre pensée est exactement celle qui deviendra votre réalité. Au plus fort de nos problèmes, nous devons en détourner nos regards et nos pensées et les lever vers les montagnes (les demeures de l'Éternel), d'où viendra notre secours. Quand nous créons l'image de la délivrance dans nos pensées et contemplons la délivrance avant même qu'elle se concrétise, alors nous pouvons même commencer à louer Dieu pour cela. C'est de cette manière que nous pouvons provoquer la délivrance, en l'activant et en nous l'attirant. La limite des miracles de Dieu dans notre vie, c'est notre foi.

---

16   Exode 14 : 13

> *L'image qui domine votre pensée est exactement celle qui deviendra votre réalité.*

1) Développez et maintenez une mentalité de gagnant.

L'exemple de Josué

L'Écriture, concernant la conquête de Jéricho par Israël, affirme : « *L'Éternel dit à Josué: Vois, Je livre entre tes mains Jéricho et son roi, ses vaillants soldats*[17]. » Ceux qui sont habitués au succès ne sont jamais étonnés quand ils en ont. Au contraire, c'est quand ils perdent qu'ils s'étonnent, car ils sont portés automatiquement dans leurs pensées à réussir. « *Nous sommes tels que sont nos pensées.* »

Si nous pensons échec, nous connaîtrons l'échec dans notre vie. Mais lorsque nous pensons victoire et succès, cette pensée va nous presser de manière à nous conditionner en vue d'expérimenter la victoire et le succès dans notre vie. L'Éternel dit à Josué de ne pas engager le combat avec une mentalité de perdant. Je dois engager le combat avec une mentalité de gagnant, donc je lutterai pour pouvoir confirmer cette victoire que j'ai déjà obtenue. En tant que chrétien je mène une vie sainte non pour être sauvé, mais pour confirmer aux autres que je suis effectivement sauvé.

L'Éternel invita Josué à contempler la défaite du roi de Jéricho et de son armée avant même qu'il n'engageât le combat. On ne croit pas en Dieu après qu'on ait fini de prier. On doit croire en lui avant, pendant et après la prière. Quand nous livrons une bataille contre Satan, nous devons contempler par avance la défaite de l'ennemi car Jésus-Christ l'a déjà vaincu à la croix. Avec Dieu, nous partons toujours vainqueurs au combat. Nous n'avons aucun problème à contempler la victoire, à parler de victoire et à louer Dieu pour la victoire avant même que nous n'engagions le combat. C'est ça la foi !

---

17   Josué 6 : 2

d) Ne vous laissez pas intimider par votre peur, mais utilisez-la pour aller de l'avant. L'exemple du roi Josaphat

La Parole de Dieu dit : « *...Alors l'esprit de l'Éternel saisit au milieu de l'assemblée Jachaziel, fils de Zacharie, fils de Benaja, fils de Jeïel, fils de Matthania, Lévite, d'entre les fils d'Asaph. Et Jachaziel dit: "Soyez attentifs, tout Juda et habitants de Jérusalem, et toi, roi Josaphat! Ainsi vous parle l'Éternel: Ne craignez point et ne vous effrayez point devant cette multitude nombreuse, car ce ne sera pas vous qui combattrez, ce sera Dieu. Demain, descendez contre eux; ils vont monter par la colline de Tsits, et vous les trouverez à l'extrémité de la vallée, en face du désert de Jeruel. Vous n'aurez point à combattre en cette affaire: présentez-vous, tenez-vous là, et vous verrez la délivrance que l'Éternel vous accordera. Juda et Jérusalem, ne craignez point et ne vous effrayez point, demain, sortez à leur rencontre, et l'Éternel sera avec vous!..*[18]"

Dans ce passage, nous trouvons le témoignage éloquent de gens qui louèrent Dieu avant même que la délivrance n'arrivât. Dieu ne donna à Josaphat qu'une prophétie sur laquelle il agit comme si tout avait été déjà accompli. La prophétie que Dieu envoya au roi créa une image extraordinaire dans sa pensée, laquelle changea radicalement son comportement.

Selon le troisième verset de ce passage, c'est la peur qui conduisit le roi à la prière. Dès que la prophétie fut donnée, la peur s'envola. C'est ça la foi : prendre Dieu au mot. La prière étant terminée, le roi et le peuple se mirent maintenant à chanter les louanges de Dieu.

Pour affronter ses ennemis, le roi plaça tous les Lévites, les musiciens et les chantres à la tête de l'armée. C'est sur fond de louange, avec des cris de triomphe que l'armée alla affronter les ennemis. C'est l'image créée par la prophétie qui les poussa à agir de la sorte. Lisez la suite de l'histoire, et vous verrez comment cela s'est terminé.

---

18   2 Chronique 20 : 14-17

D. Quatrième pilier : la pensée

Le pouvoir de la pensée

1.- La pensée est une force qui peut se dérober à notre volonté
C'est Dieu qui nous a donné la capacité d'imaginer. Satan connaît très bien le pouvoir que possède notre pensée de motiver tout le reste de notre corps et provoquer l'accomplissement de nos rêves. C'est la raison pour laquelle le diable utilise la convoitise comme une arme très puissante contre nous pour nous faire succomber au péché. Qu'est-ce que c'est, la convoitise ? Elle est un désir effréné que nous éprouvons pour quelque chose. La nature de ce désir nous conduit souvent à pécher contre Dieu.

La convoitise se manifeste à travers nos cinq sens, en particulier nos yeux et nos oreilles. Quand le message pénètre notre pensée, notre imagination commence à fonctionner, à faire miroiter dans notre esprit des perspectives de plaisir. Nous sommes enflammés dans nos désirs parce que notre imagination nous met déjà en présence de la réalité. En un instant, le péché est quasiment consommé.

a) C'est à ce piège qu'Ève fut prise. Elle regarda simplement l'arbre et vit que le fruit pouvait faire tout ce que Satan lui avait dit. Tel est le pouvoir de la pensée.

b) David est un autre exemple de ceux qui tombent dans ce piège. La Bible dit qu'un jour, vers le soir, le roi David, après s'être un peu reposé, se leva de sa couche et alla sur la terrasse de son palais. De là, il aperçut une très belle femme qui se baignait. Nous voyons que les yeux de David transmirent un message à sa pensée et c'est alors que son imagination utilisa l'information pour alimenter ses désirs et les enflammer. Voilà comment le péché allait être consommé.

> *Vous formez vos pensées, ensuite elles vous forment.*

2.- De la pensée viennent les sources de la vie

Depuis l'Ancien Testament, nous voyons que les hommes avaient déjà très bien compris ce problème. Job, de son côté, dit : « *J'avais fait un pacte avec mes yeux, et je n'aurais pas arrêté mes regards sur une vierge*[19] ». Il savait quel désastre un mauvais regard pouvait occasionner. Après avoir enduré les conséquences dues aux caprices de sa chair, le roi-psalmiste résolut: « *Je ne mettrai rien de mauvais devant mes yeux pour ne pas être animé de mauvaises pensées*[20]. »

Salomon, le sage roi d'Israël, de son côté nous exhorte : à garder nos pensées (*c'est-à-dire notre cœur*) plus que toute autre chose de notre vie, car d'elles viennent les sources de la vie.[21] Jésus compare notre pensée à un trésor ou à une tirelire. Si nous y mettons de bonnes choses, nous en tirerons de bonnes choses, mais si nous y mettons de mauvaises choses, nous en tirerons de mauvaises choses. « *Au reste, mes frères et sœurs, que tout ce qui est bon, ce qui est digne de louange, ce qui est vrai, ce qui est juste, ce qui est droit, ce qui est beau, ce qui est honorable, soit l'objet de nos pensées* ».

Lorsque nous prions, nos pensées doivent s'accorder avec nous-mêmes. L'image de la réponse doit être claire dans nos pensées afin que la foi que nous puisons dans les promesses de Dieu puisse se consolider jusqu'à ce que vienne la matérialisation de nos désirs.

E. Cinquième pilier : le pouvoir de la parole

1) L'homme est établi prophète sur sa vie

Dans l'exercice de la foi, la bouche joue un rôle d'une importance majeure. La foi ne peut être silencieuse, elle doit nécessairement s'exprimer, sinon on ne saurait parler de foi. Après nous être assurés que notre foi repose sur les piliers inébranlables des Saintes Écritures, nous devons déclarer l'objet de cette foi. La Bible dit que c'est par la grâce que nous obtenons le salut, et c'est par le moyen de la

---

19   Job 31 : 1
20   Psaume 101 : 3
21   Proverbes 4 : 23

foi que nous nous l'approprions. Comment devons-nous procéder ?

L'apôtre Paul donne la réponse dans son épître aux Romains : « Si tu confesses de ta bouche le Seigneur Jésus, et si tu crois dans ton cœur que Dieu l'a ressuscité des morts, tu seras sauvé.»

Dans ce verset, l'apôtre a mis la confession avant la croyance. C'est juste pour respecter l'ordre de la construction de l'idée qu'il développe. Mais la croyance vient avant la confession. On croit avant de confesser de la bouche. L'extérieur s'alimente de l'intérieur. Normalement il devait dire : « *Croire dans son cœur et confesser de sa bouche.* »

Cette véritable information que le profane a reçue sur la personne du Seigneur Jésus, il doit d'abord y croire dans son cœur c'est-à-dire accepter cette information pour vraie. Ensuite, il doit la déclarer. Dans les versets suivants, l'auteur a mis cette idée en ordre : « *Car c'est en croyant du cœur qu'on parvient à la justice, et c'est en confessant de la bouche qu'on parvient au salut, selon ce que dit l'Écriture: Quiconque croit en lui ne sera point confus*[22].» La croyance c'est accepter pour vraie l'information reçue. Pour que cette croyance devienne foi elle doit être suivie de déclaration publique.

2) Jésus nous recommande de déclarer notre foi

Le Maître a enseigné aux disciples : « *Je vous le dis en vérité, si quelqu'un dit à cette montagne: Ote-toi de là et jette-toi dans la mer, et s'il ne doute point en son cœur, mais croit que ce qu'il dit arrive, il le verra s'accomplir*[23]. » Voyant la stupéfaction de ses disciples sur ce qui était arrivé au figuier, Jésus a jugé nécessaire de leur enseigner le fonctionnement de la foi. Ce récit se trouve en Marc 11 :20-25. Au verset 23, Il déclare: « *Si quelqu'un dit* ».

À noter que Jésus n'a pas dit : si quelqu'un danse, se prosterne ou lève les mains. Mais il précise : « *Si quelqu'un dit* ». Autrement dit, celui qui croit doit ouvrir la bouche pour déclarer ce qu'il veut voir arriver. Jésus n'avait pas seulement

---

22 Romains 10 : 10
23 Marc 11 : 23

enseigné cela, il l'a vécu et prêché par l'exemple. Qu'il s'agissait des maladies, des démons, des phénomènes naturels ou de la mort, le Maître utilisait toujours le pouvoir de sa parole pour appeler les choses qui ne sont point comme si elles étaient. Cette méthode de Jésus nous enseigne que l'univers et son contenu visible et invisible ont tous des oreilles et qu'ils peuvent entendre et obéir quand la voix de foi leur commande.

3) Moïse devant la mer Rouge

Considérons Moïse devant la mer Rouge. Le peuple s'affolait en voyant l'imminence du danger. Mais Moïse gardait tout son calme et prononça une parole de foi qui était en parfait accord avec la volonté de Dieu dans cette situation. Immédiatement après, Dieu intervint et dit à Moïse ce qu'il devait faire. Par cette action, on peut déduire que si Moïse n'avait pas parlé de la sorte, Dieu ne serait pas intervenu.

4) Pourquoi déclarer sa foi ?

Supposons que vous ayez besoin d'une personne - qu'elle soit proche ou éloignée de vous, la meilleure chose à faire serait d'appeler cette personne et lui dire clairement ce que vous aimeriez qu'elle fasse. Dans le cas contraire, elle ne saura vous aider convenablement. Il en est de même de la déclaration. Ordonner sa foi à propos d'une chose ou d'une situation, c'est la contraindre à matérialiser cette chose ou à régulariser cette situation. Déclarer sa foi, c'est lancer un défi à l'ennemi.

Car Satan ne peut sonder les profondeurs de nos pensées, et par conséquent ne pourra savoir ce qui s'y passe que lorsque nous les aurons exprimées ouvertement. Une fois informé des activités de nos pensées, le malin va tout mettre en œuvre pour empêcher notre épanouissement spirituel et matériel.

C'est ce stade de la bataille qui offre aux vrais guerriers spirituels l'opportunité de se confirmer. La gloire de tout combattant victorieux est appréciable selon la nature de l'enjeu encouru par celui-ci.

En ce sens, le saint apôtre parle souvent du combat de la foi dans ses épîtres. Y a-t-il en effet une puissance plus extraordinaire que la parole ? La Bible dit que la vie et la mort sont au pouvoir de la parole. Les mots qui sortent de la bouche ne sont pas de simples sons inoffensifs. C'est à dessein que Jésus nous a rappelé qu'au jour du jugement les hommes rendront compte de toutes les vaines paroles qu'ils auront proférées.

Vous souvenez-vous que les paroles des espions envoyés par Moïse ont coûté à Israël 40 années de plus dans le désert et la mort de toute une génération d'hommes et de femmes ? La parole n'est jamais neutre ni inoffensive.

Nous devons être pleinement conscients des conséquences inévitables des paroles qui sortent de notre bouche. Ces dernières peuvent avoir deux conséquences : Nous construire ou nous détruire. C'est la raison pour laquelle le croyant doit s'assurer que sa parole soit toujours en accord avec la vérité scripturaire :
- « *La mort et la vie sont au pouvoir de la langue; quiconque l'aime en mangera les fruits.* » *(36)*
- « *Celui qui veille sur sa bouche garde son âme; celui qui ouvre de grandes lèvres court à sa perte.* » *(37)*
- « *Celui qui veille sur sa bouche et sur sa langue préserve son âme des angoisses.* » *(38)*
- « *Si quelqu'un, en effet, veut aimer la vie et voir des jours heureux, qu'il préserve sa langue du mal et ses lèvres des paroles trompeuses.* » *(39)*

> *Déclarer sa foi, c'est lancer un défi à l'ennemi.*

5) La parole influence

Quand une personne parle, il y a des entités spirituelles qui écoutent et s'activent à la matérialisation de toutes les paroles que cette personne prononce. On peut se demander pourquoi les gens sont si négatifs. Jésus a dit que le monde entier est sous la puissance du malin. Satan conditionne leurs pensées de telle sorte qu'ils parlent d'une manière que son règne se renforce sur la terre. Le règne de Satan est caractérisé par tout ce qui est négatif sur les plans spirituel et moral.

Quand une personne parle négativement, les démons de Satan œuvrent sans relâche à la concrétisation de tout ce qu'elle a verbalement exprimé. C'est ainsi que le royaume des ténèbres exerce son influence sur la terre.

Comment cela se passe-t-il dans le royaume de Dieu ? Le processus n'est pas différent. Quand le croyant parle le langage du royaume, c'est-à-dire quand ses paroles sont conformes aux prescrits des Saintes Écritures ; aux ordres de Dieu, les anges s'activent à la matérialisation de ses paroles. On dirait que dans le royaume des ténèbres les choses se font avec plus de célérité que dans le royaume de la lumière. Il faut se rappeler que la terre n'est pas le domaine de Dieu, bien qu'il soit le Créateur. Dieu est et demeure un Dieu de principe. Étant donné qu'il a déjà donné la terre aux fils de l'homme, il se réserve le droit d'intervenir seulement avec leur permission.

6) La parole de foi peut détourner les traits enflammés du malin
On a vu plus haut que le monde entier est sous la juridiction de Satan, et ce à cause de la stupidité d'Adam. Non seulement Satan a le libre-arbitre sur cette terre mais encore il prétend être capable de faire obstacle à la volonté de Dieu. C'est pourquoi le Seigneur recommande de prier sans cesse pour l'avènement de son règne sur la terre, pour que sa volonté se fasse ici-bas comme cela se fait dans le ciel.

Quand une personne prie en accord avec la volonté de Dieu, il l'entend et l'exauce promptement. Mais Satan ne se croise jamais les bras. Il utilise toutes ses ressources pour empêcher que la réponse de Dieu n'arrive à destination.

On peut prendre en exemple la situation de Daniel. Le prophète est resté 21 jours dans la prière et le jeûne, non parce que Dieu ne l'avait pas entendu ou exaucé, mais parce que les forces des ténèbres avaient retenu sa réponse. Daniel savait pertinemment que ce qu'il demandait était en accord avec la volonté de Dieu. C'est pour cela qu'il a persisté dans la prière jusqu'à ce que sa réponse lui soit parvenue. La persistance à exprimer sa foi affaiblit et brise les forces de l'enfer qui prétendent faire obstacle à la bénédiction du Seigneur pour nous. « *J'ai cru c'est pourquoi j'ai parlé*[24] », a dit l'apôtre Paul.

---

24   2 Corinthien 4 : 13

> *La persistance à exprimer votre foi affaiblira*
> *et brisera les forces de l'enfer qui prétendent*
> *faire obstacle à la bénédiction*
> *du Seigneur qui vous est destinée.*

7) « Une démonstration de celles qu'on ne voit pas »
La démonstration c'est l'action de démontrer. Parler de démonstration revient à parler de preuves, d'arguments ou de justification. Dans un procès, l'avocat doit nécessairement faire une démonstration des preuves capables de disculper son client, contrer la partie adverse et convaincre le juge ou le jury. Comment le croyant peut-il démontrer un objet qui n'est pas encore matérialisé ?

Il faut comprendre que l'immatérialité d'une chose ne signifie pas son inexistence. Un objet immatériel est seulement imperceptible par nos sens, parce que son existence se trouve dans l'invisible.

Au fait, tout ce qui n'est pas démontrable n'est pas forcément inexistant. La chose pour laquelle le croyant exerce sa foi existe déjà, donc il peut avec son imagination se la représenter.
En nourrissant son image mentale, il peut parler et agir comme si la chose était déjà matérialisée.

La démonstration, c'est cet élément extérieur et visible qui témoigne à Dieu et au monde que vous vous êtes engagés véritablement sur le chemin de la foi. La construction de l'arche était un élément visible qui démontrait la foi de Noé à ses contemporains. Une démonstration de foi n'est jamais logique aux sens de l'esprit rationnel. De même que la construction de l'arche était un scandale aux raisonnements des contemporains de Noé, de même aussi sera la démonstration de votre foi aux yeux des incroyants de votre entourage.

F. Sixième pilier : l'obéissance

L'obéissance honore Dieu.

La Bible dit : « *Dieu trouve-t-il du plaisir aux holocaustes et aux sacrifices, comme dans l'obéissance à sa voix ? Voici, l'obéissance vaut mieux que les sacrifices, et l'observation de sa parole vaut mieux que la graisse des béliers. Car la désobéissance est aussi coupable que la divination, et la résistance ne l'est pas moins que l'idolâtrie et les théraphim. Puisque tu as rejeté la parole de l'Éternel, il te rejette aussi comme roi.* [25] »

« *Voici, l'obéissance vaut mieux que les sacrifices* », c'était la réponse du prophète Samuel au roi Saül, lorsque par manque de caractère, celui-ci dut outrepasser les ordres que Dieu lui avait donnés à propos des Amalécites et de leur roi Agag. Une vie de foi est caractérisée par l'obéissance rigoureuse et prompte à la parole de Dieu. Nombreux sont les naufragés par manque de pratique de cette vertu. Obéir, c'est croire.

Mais comment obéir à une personne en qui on n'a aucune foi ? L'obéissance est une preuve de notre foi. Notre sécurité et notre succès passent d'abord par notre obéissance spontanée à la parole de Dieu. La désobéissance et l'incrédulité sont, pour ainsi dire, synonymes. Celui qui n'obéit pas à Dieu se fait automatiquement incrédule. Ce péché a coûté au peuple d'Israël 40 années de pèlerinage dans le désert jusqu'à la disparition de toute une génération. À travers la Bible, nous constatons que beaucoup de miracles ou de matérialisations de foi sont tributaires d'actes d'obéissance.

- Supposons que Moïse n'eût pas étendu sa verge sur la mer…
- Et si Abraham et Sara, se fondant sur leur âge avancé, avaient refusé des rapports sexuels…
- Et si Isaac n'avait pas ensemencé ses terres durant la famine…
- Si Joseph et Marie n'avaient pas obéi à l'ordre du roi pour aller se faire inscrire dans leur village natal à Bethléem…
- Et si pasteur David Hart n'avait pas obéi à Dieu pour la création d'une station

---

[25] 1 Samuel 15 : 22-23

de radio en Haïti. Imaginez un instant ce que serait la communauté évangélique sans la radio Lumière…

- Et si moi, votre serviteur pasteur Jean Héder Petit-frère, j'avais refusé de revenir en Haïti pour fonder le ministère Shabach International et le Centre Diplomatique Famille Tabernacle de Louange…

Si vous jetez un coup d'œil autour de vous, vous constaterez combien l'obéissance est importante et même indispensable à l'expérimentation de la foi dans votre vie personnelle, votre famille, votre église ou votre entourage.

> *Notre sécurité et notre succès passent d'abord par notre obéissance spontanée à la parole de Dieu.*

Résumé du chapitre III

Après avoir compris qu'il y a plusieurs éléments capables de faire obstacle à notre foi, nous venons de voir qu'il y a aussi des piliers susceptibles de la soutenir. Cette dernière découverte a été l'objet du troisième chapitre et tout ce que nous y avons trouvé est ainsi résumé :

1. La connaissance est le premier pilier de la foi : *parce que sans elle, notre foi n'est fondée que sur des déblais. Lorsque les averses seront venues et que les courants auront monté, notre foi en miniature sera emportée et jetée à la mer. Car toute connaissance que nous devons avoir doit découler de la Parole de Dieu.*

2. L'assurance en est le deuxième : *parce qu'avec la connaissance de la Parole de Dieu, nous découvrirons les riches promesses de Dieu et son merveilleux plan pour notre vie. Le temps investi dans la lecture et la pratique de la parole de Christ, nous convainquent de la véracité des promesses de Dieu, et cette conviction sera la base sur laquelle s'édifie notre foi.*

3. L'imagination en est le troisième : *parce qu'après avoir connu la Parole et s'être assuré des promesses qu'elle contient, nous sommes amenés à nous représenter mentalement les merveilles auxquelles est attachée notre ferme espérance.*

4. La pensée en est le quatrième : *parce que seuls le pouvoir et la maîtrise de notre pensée peuvent nous aider à fixer l'image mentale que nous avons dans notre esprit. Notre imagination peut osciller, mais l'aide que nous obtenons de notre pensée sert à exercer une force mentale à même de matérialiser l'image de notre esprit.*

5. La Parole en est le cinquième : *parce qu'une fois fixée, l'image de notre désir sera retenue sur l'écran de notre esprit telle une tache de lumière projetée sur un mur par le soleil. À ce stade, notre objet de foi étant devenu clairement défini, nous pouvons commencer à parler et ainsi amener les choses qui ne sont point comme si elles étaient.*

6. L'obéissance en est le sixième : *quand ce que nous déclarons est en ligne avec la parole de Dieu, nous pouvons être sûrs que nous agissons selon sa volonté et que nous lui obéissons promptement.*

Conseil :
Rappelez-vous que les Écritures en elles-mêmes sont neutres. Seules les écritures lues, acceptées et strictement appliquées peuvent faire une différence dans votre vie. Ces piliers sont les éléments fondamentaux qui vous permettront de vous épanouir dans la foi et ainsi plaire à Dieu. Ne les perdez pas de vue. Car sans eux, je ne sais sur quel navire vous vous êtes embarqué, mais ce n'est pas sur celui de la foi.

Lectures suggérées :
Jacques 2, 17-26 ; Hébreux 11.

« *Que la paix de Dieu qui surpasse tout entendement humain garde vos cœurs et vos pensées intacts en Jésus-Christ, notre Seigneur et divin Maître !* »

CHAPITRE IV

Comment vivre par la foi ?

Vous entendez souvent des gens dire, qu'ils vivent par la foi. De cette façon, ils s'en moquent grandement. Le vrai sens de l'expression « *vivre par la foi* » ou « *vivre par sa foi* » leur échappe complètement. Pour nous autres croyants, que signifie la locution « *vivre par la foi* » ? Nous allons y arriver ! Car en plus d'ignorer ce qu'est vivre par la foi, certaines personnes sont troublées par des expressions telles que : « *vivre par la foi* » et « *vivre par sa foi* ».

En effet, l'une ou l'autre sont des expressions souvent mal comprises et mésinterprétées. On les confond avec, entre autres, la paresse, la passivité, la négligence, ou encore la médiocrité. Mais comment « *vivre par la foi* » ou « *vivre par sa foi* » ? C'est ce que ce présent chapitre se propose d'élucider.

1.- Une mesure de foi

Beaucoup de chrétiens prétendent que « *vivre par la foi* » ou « *vivre par sa foi* » n'est pas d'une aussi grande importance, sans comprendre qu'une telle attitude peut hypothéquer leur salut. À souligner que nul ne peut être sauvé en dehors de la foi. En ce sens, l'apôtre Paul déclare : « *C'est par la foi que nous sommes sauvés*[1]. »

On constate que la foi joue un rôle capital dans la nouvelle naissance d'un croyant. Cette foi est un don souverain de Dieu, disponible aux candidats de son royaume. De même que les mauvais esprits de l'enfer interviennent pour enlever la semence de la parole de la pensée de certaines personnes, de même aussi les anges de Dieu sont disponibles pour apporter une mesure de foi à celui qui est à la recherche de la bonne nouvelle du salut.

L'apôtre dit clairement que Dieu accorde une mesure de foi à chacun : « *Par la grâce qui m'a été donnée, je dis à chacun de vous de n'avoir pas de lui-même une trop*

---

1   Éphésiens 2 : 8

haute opinion, mais de revêtir des sentiments modestes, selon la mesure de foi que Dieu a départie à chacun. »

Mais cette foi reçue à la conversion est une semence, en tant que telle, elle n'est pas suffisante pour permettre au croyant d'expérimenter la Toute-Puissance de Dieu dans sa vie. Jésus, dans les Évangiles compare la foi à la semence la plus petite qui puisse exister.

Une semence bien entretenue dans son environnement, aussi insignifiante qu'elle puisse paraître, peut devenir le plus grand des arbres. La semence de foi que le croyant reçoit de Dieu nécessite d'être mise dans un environnement où sa croissance et sa maturité peuvent se compléter au besoin. Sinon elle sera chétive, faible, improductive. En un mot, elle mourra tout simplement.

> *Une semence bien entretenue dans son environnement, aussi insignifiante qu'elle puisse paraître, peut devenir le plus grand des arbres.*

2.- Comment croître dans la foi ?

On sait que la croissance de toute espèce animale ou végétale est tributaire de son alimentation. Plus un être se nourrit, plus sa croissance progresse et son rendement devient efficace. Il n'en est pas autrement de la foi ; sa croissance, son développement et sa maturité sont fonction de la qualité et de la quantité de nourriture que nous lui donnons. Mais quelle est la nourriture appropriée à la foi ? L'apôtre Paul répond : « *Ainsi la foi vient de ce qu'on entend, et ce qu'on entend vient de la parole de Christ*[2]. » L'apôtre Jacques, de son côté, nous enseigne que la foi peut mourir. Ces affirmations sous-entendent qu'il existe des moyens non seulement pour maintenir la foi vivante mais aussi pour qu'elle soit en pleine forme, mature et productive : « *Comme le corps sans âme est mort, de même la foi sans les œuvres est morte*[3]. »

---

2   Romains 10 : 17
3   Jacques 2 : 26

3.- La nourriture de la foi

L'homme est et sera toujours le résultat de sa foi, et la foi d'un homme est absolument fonction de ce dont il se nourrit : spirituellement ou mentalement. Dans le livre de Job, il est dit que « *l'oreille discerne les paroles comme le palais savoure les aliments.* » Le système de croyances d'une personne est la résultante de toutes les informations qu'elle a accumulées depuis son plus jeune âge. Si une personne veut augmenter sa foi en Dieu, elle doit nécessairement renforcer son régime alimentaire spirituel et mental.

Jésus a dit : « *L'homme ne vit pas seulement de pain (nourriture), mais de toute parole qui sort de la bouche de Dieu.*[4] »

La nourriture de la foi, c'est la parole de Dieu. Celui qui ne mange pas cette parole au quotidien et à forte proportion ne verra jamais sa foi devenir adulte. « Désirez, comme des enfants nouveau-nés, le lait spirituel et pur, afin que par lui vous croissiez pour le salut[5]», a renchéri l'apôtre Pierre en comparant la Parole de Dieu au lait.

Les nutritionnistes disent que le lait est un aliment nourrissant et complet en soi. Cela veut dire que si une personne consomme beaucoup de lait, elle sera toujours en pleine forme. Ce fait est démontré par la méthode de l'allaitement maternel. Durant six mois, l'enfant se nourrit uniquement du lait de sa nourrice. Quel étonnant résultat ! Non seulement le nourrisson est bien développé mais aussi il est en parfaite santé et son système immunitaire se fortifie robustement. Celui qui ne nourrit sa foi que de la Parole de Dieu sera en parfaite santé au triple plan spirituel, physique et matériel.

> *Celui qui ne nourrit sa foi que de la Parole de Dieu sera en parfaite santé au triple plan :*
> *spirituel, physique et matériel.*

---

4   Matthieu 4 : 4
5   1 Pierre 2 : 2

4.- Un environnement approprié

Dans la création, nous constatons que Dieu a pourvu à chaque espèce un environnement propre à son bon fonctionnement. En dehors de son milieu, toute espèce quelle qu'elle soit est sujette à l'inefficacité, à l'improductivité et à l'anéantissement. La foi a pareillement besoin d'un environnement propice à sa croissance et à sa productivité.

Le climat favorable à la foi n'est pas différent de sa nourriture, c'est encore la parole de Dieu. Sachant combien la foi sera indispensable à l'accomplissement de la lourde tâche qui lui incombait, l'Éternel fit cette recommandation à Josué : « Que ce livre de la loi ne s'éloigne point de ta bouche, médite-le jour et nuit pour agir fidèlement selon tout ce qui y est écrit ; car c'est alors que tu auras du succès dans tes entreprises, c'est alors que tu réussiras[6]. »

En obéissance aux écritures de ce livre de la loi, le conscient et le subconscient de Josué se sont totalement saturés par la parole de Dieu. Or, comme les paroles sont des pensées sonores, toutes les paroles de Josué ont été, par conséquent, des paroles de foi découlant directement de l'objet de sa méditation qui n'est autre que la parole de Dieu.

Considérons ensemble le Psaume premier : « *Écouter, discourir avec les méchants, suivre la route des pécheurs, se complaire en compagnie des moqueurs.* » Ce verset décrit l'environnement idéal pour tuer la foi de n'importe quel géant spirituel. Aussi puissante qu'une foi puisse être, si elle est exposée à un entourage inapproprié à sa croissance, sa mort s'ensuivra lentement mais sûrement. Quelqu'un peut beau s'enorgueillir d'être exempt de cet « *environnement tuatoire* »[7] pour la simple raison de n'avoir pas d'amis païens. Ce qui peut être bien plus surprenant, c'est que le méchant, le pécheur ou le moqueur auquel le psalmiste fait ici allusion n'est pas forcément un inconverti.

---

6   Josué 1 : 8
7   L'environnement tuatoire : Il s'agit de toute adaptation ou toute adhésion à un lieu, à une personne, à une habitude, à une pensée, à une logique ou à un sentiment capable de faire obstacle à votre foi en Dieu.

D'abord quand est-ce qu'on peut dire qu'on est conseillé par un méchant ? Tout conseil susceptible de nous porter à désobéir à Dieu est un conseil de méchant.

Dans leur souci de nous protéger, les amis et les parents peuvent se révéler de très dangereux ennemis. Le souci de grandir dans la foi peut amener quelqu'un à changer d'amis, de travail, de priorité et même d'église. Car si une église n'enseigne pas la vérité scripturaire de façon convenable, quel environnement propice à la croissance de la foi serait-elle capable de créer pour ses membres ? C'est pourquoi nous devons nous discipliner en vue de créer pour nous-mêmes l'ambiance compatible avec notre foi.

> *La foi a besoin d'un climat propice*
> *à sa croissance et à sa productivité.*
> *L'atmosphère favorable à la foi, c'est la Parole de Dieu.*

5.- Le goût du risque

La foi véritable, c'est celle qui fait agir contre toute logique. L'apôtre Jacques dit que la foi sans les œuvres n'est pas la foi. Entreprendre des démarches osées est le seul indice capable de démontrer notre « *sérieux* » face à Dieu et contre l'ennemi. La véritable foi ne va pas se contenter de paroles seulement, elle agira également. Par exemple, si une personne est convaincue que Dieu l'enverra dans un pays comme missionnaire, l'action qui devrait accompagner la foi de cette personne sera de commencer par apprendre la langue et l'histoire de ce pays. Mais souvent, la foi réclame des actions intrépides qui peuvent même hypothéquer notre réputation, notre fortune, notre famille et aussi notre propre vie.

À un certain moment, Daniel priait au péril de sa propre vie. Ses trois amis ne s'agenouillèrent pas devant la statue, au risque même de perdre leur rang social et leur propre vie. Esther se présenta devant le roi au risque d'être rejetée et exécutée. Paul annonçait l'Évangile au péril de sa vie. Si nous nous sentons complaisants dans une zone de confort, c'est la preuve que nous ne nous exerçons pas à la foi. Car la foi, c'est cette vertu qui, avant de nous propulser au sommet de la vie, nous éprouve dans la fournaise et au creuset de l'adversité pour notre propre bien-être.

Car la foi, c'est cette vertu qui, avant de nous propulser au sommet de la vie, nous éprouve dans la fournaise et au creuset de l'adversité pour notre propre bien-être.

6.- La foi et le travail

La Bible enseigne au sujet du travail : « *Le paresseux ne rôtit pas son gibier ; mais le précieux trésor d'un homme, c'est l'activité*[8]. »

« *Lorsque nous étions chez vous, nous vous disions expressément : Si quelqu'un ne veut pas travailler, qu'il ne mange pas non plus. Nous apprenons, cependant, qu'il y en a parmi vous quelques-uns qui vivent dans le désordre, qui ne travaillent pas, mais qui s'occupent de futilités*[9]. *Nous invitons ces gens-là, et nous les exhortons par le Seigneur Jésus Christ, à manger leur propre pain, en travaillant paisiblement.* »

Certains croyants pensent que « *vivre par la foi* » signifie mener une vie d'oisiveté. La Bible dit clairement que celui qui ne travaille pas n'a pas le droit de manger. C'est un péché de manger lorsqu'on refuse de travailler. Professer la foi pour ces gens se résume à avoir une Bible et un recueil de chants pour aller prier ici et là. Cela n'a absolument rien à voir avec la foi. La capacité de travailler est un don de Dieu.

Supposons que travailler ait été effectivement une malédiction comme le prétendent certains, il est clair que celui qui s'y adonne participerait à la malédiction et serait lui-même maudit. C'est comme avoir la conviction que la loterie est mauvaise quand ce ne sont pas nos amis qui y ont gagné. Le fruit de la malédiction est aussi mauvais que la malédiction elle-même. La vérité est que le travail a été institué par Dieu bien avant le péché.

La Bible dit : « *L'Éternel Dieu prit l'homme, et le plaça dans le jardin d'Éden pour le cultiver et pour le garder*[10]. » Adam n'est pas resté oisif dans le jardin. Son activité était de le gérer. Dieu veut que nous soyons dans l'abondance et ce n'est que par le travail que nous pourrons voir l'accomplissement de cette promesse. Le travail

---

8   Proverbes 12 : 27
9   2 Thessaloniciens 3 : 10-12
10 Genèse 2 : 15

est un outil de foi. Je travaille parce que je crois. Si Dieu appelle quelqu'un au ministère à plein temps, son travail consiste à le faire fonctionner et l'étendre. Dieu pourvoira lui-même aux besoins de celui qu'il a appelé. Mais il est déplorable de voir des citoyens du royaume pratiquer une mendicité déguisée sous le manteau de la foi. Cette mauvaise attitude est pratiquée à tous les échelons de leur vie.

Le travail confirme la foi. Si quelqu'un croit vraiment que Dieu veut le bénir, il doit commencer par travailler, parce que la Bible dit clairement que c'est le travail de nos mains que Dieu bénira. Si nos mains n'ont rien accompli jusqu'ici, Dieu lui-même dans sa fidélité, peut quand même nous bénir. Mais le résultat ne sera guère évident parce que le produit de zéro par un million demeure zéro.

> *Le travail confirme la foi.*

7.- Réclamez votre part d'héritage

Certains croyants concèdent, sans en être conscients, leurs bénédictions aux païens. Si un chrétien travaille dans l'entreprise d'un païen, c'est celui-ci qui va profiter de la bénédiction attirée par le croyant. La Bible dit que tout ce que le chrétien fait comme travail sera béni. Quand la bénédiction vient sur l'entreprise où le chrétien travaille, ce n'est pas lui qui en profite mais le patron qui, en réalité est une ivraie parmi les blés. Considérons Joseph dans la maison de Potiphar.

La Bible dit : « *Dès que Potiphar l'eut établi sur sa maison et sur tout ce qu'il possédait, l'Éternel bénit la maison de l'Égyptien, à cause de Joseph ; et la bénédiction de l'Éternel fut sur tout ce qui lui appartenait, soit à la maison, soit aux champs.*[11] »

La bénédiction attirée par Joseph était telle que même la femme de son maître voulait qu'il la touche afin de recevoir sa part des faveurs dont Dieu avait comblé le jeune Hébreu de façon si manifeste. Il faut noter aussi que quand Potiphar renvoya Joseph, celui-là n'était pas dans l'obligation de partager les dividendes de ses entreprises avec lui. Joseph s'en est allé les mains vides. Aujourd'hui encore,

---

11   Genèse 39 : 5

beaucoup de croyants sont victimes de cette anomalie. Il n'y a aucun mal à travailler pour quelqu'un (*chrétien ou non*).

L'idée c'est surtout de commencer par penser à travailler pour son propre compte, dans sa propre entreprise. Lorsque Dieu bénira, ce seront alors les ouvrages de nos propres mains dans notre propre entreprise qui seront bénis, nos enfants et leurs enfants en mangeront les fruits et nous serons encore bénis d'avoir pensé à leur léguer cet héritage. La foi du croyant doit le pousser à travailler avec beaucoup plus de diligence que n'importe qui : « *L'Éternel t'ouvrira son bon trésor, le ciel, pour envoyer à ton pays la pluie en son temps et pour bénir tout le travail de tes mains ; tu prêteras à beaucoup de nations, et tu n'emprunteras point*[12]. »

> *La foi du croyant doit le pousser à travailler avec beaucoup plus de diligence que n'importe qui.*

8.-La foi et la prière

La foi doit être l'environnement protecteur de la prière. Toute prière qui n'est pas totalement sécurisée par la foi est vouée à l'échec. La foi est nécessaire avant, pendant et après la prière. Loin d'être un rituel de la religion, la prière du chrétien devrait être une expression de sa foi. Comme l'apôtre le stipule : « *Nous croyons, c'est pour cela que nous parlons.* »

Je crois en Dieu, en sa Toute-Puissance, en sa Providence, en sa Fidélité, en son Amour ; c'est pour cela que je m'adresse à lui. Jésus a dit : « *C'est pourquoi je vous dis : Tout ce que vous demanderez en priant, croyez que vous l'avez reçu, et vous le verrez s'accomplir.* » Les chrétiens ont cette mauvaise habitude de prier à tort et à travers et n'importe comment. C'est cela qui explique leur manque ou absence de résultat.

Avant de prier, le croyant doit mettre sa foi en marche, en trouvant des garanties dans la parole de Dieu qui l'autorise à faire sa demande. Se fondant sur la fidélité de Dieu, le croyant sait déjà qu'il va obtenir ce qu'il demande dans la prière. Dieu

---

12   Deutéronome 28 : 12

s'assure que, quand nous prions selon sa volonté, il nous écoute. Puisqu'il en est ainsi, quelle que soit la demande formulée, elle sera agréée. En d'autres termes, selon l'enseignement de Marc 11 :24, ce que je vais recevoir des mains de Dieu, c'est ce que j'ai cru avoir reçu au moment même où j'ai fini de prier. La prière du croyant loin d'être un exercice hasardeux, doit être une discipline spirituelle imprégnée d'une parfaite certitude.

> *La prière du croyant, loin d'être un exercice hasardeux, doit être une discipline spirituelle imprégnée d'une parfaite certitude.*

9.- Si c'est ta volonté...

Question d'incertitude

Aucune prière de foi ne peut être conclue de cette manière : « Si c'est ta volonté Seigneur. » La première chose à faire avant de prier, c'est de connaître la volonté de Dieu sur le sujet en question parce que Dieu dit clairement qu'il n'écoute point les prières qui ne sont pas conformes à sa volonté. Comment pourrait-il exaucer une prière qu'il n'a même pas entendue ? De plus, comment le croyant pourrait-il insister s'il n'était pas sûr de prier en conformité avec la volonté de Dieu ? Tout cela est impensable.

Comment peut-on connaître la volonté de Dieu ? La volonté parfaite de Dieu est révélée dans sa parole. La volonté de Dieu, c'est sa parole et sa parole est sa volonté. Celui qui fait de la parole de Dieu ses délices connaîtra aisément la volonté de Dieu pour sa vie, car la volonté de Dieu ne sera jamais en contradiction avec sa parole. S'il arrive un cas où la parole n'apporte pas toute la lumière nécessaire, le Saint-Esprit apportera l'aide supplémentaire. Mais toujours le croyant doit se présenter par devant son Dieu avec de solides arguments tirés du Testament que Dieu lui-même lui a légué : « *Venez et plaidons !* » a martelé le prophète Esaïe.

> *La volonté parfaite de Dieu est révélée dans sa parole. La volonté de Dieu, c'est sa parole et sa parole est sa volonté.*

10.- Ne l'offensez pas

La Bible dit que la prière du méchant est une abomination aux yeux de Dieu. Il y a beaucoup de chrétiens qui, comme les méchants, offensent Dieu dans leurs prières. Par exemple, quelqu'un pourrait dire : Seigneur si tu passais dans les hôpitaux, tu verrais... Mais Dieu est omniscient ; c'est-à-dire, il sait tout.

David dit : « *Tu sais quand je m'assieds et quand je me lève, tu pénètres de loin ma pensée ; tu sais quand je marche et quand je me couche, et tu pénètres toutes mes voies*[13]. » C'est un Dieu qui sait tout. Plus loin, David affirme que même les ténèbres ne sont pas obscures pour Dieu. La nuit brille comme le jour et les ténèbres comme la lumière.

Conséquemment, il est stupide et offensant de s'adresser à Dieu comme à quelqu'un qui ignore ce qui se passe. La Bible affirme qu'il détient l'univers entier dans sa main. En priant, on doit toujours veiller à ce que la sainteté de Dieu, sa majesté, ses attributs soient pleinement et entièrement respectés à travers les propos que l'on utilise. La prière de foi se fait avec beaucoup d'instances.

Considérez l'exemple de Jacob qui dit à l'Ange : « *Je ne te laisserai point aller que tu m'aies béni.* » Ou celui du prophète Élie qui pria pour que la pluie cesse de tomber sur la terre, et qui fit usage de cette même foi pour rouvrir les écluses des cieux afin que la pluie puisse tomber à nouveau. La prière de foi, c'est une prière pleine de certitude que Dieu garde en tête jusqu'à ce qu'il l'exauce. En d'autres termes, on prie et on remercie continuellement pour l'accomplissement qui arrive.

> *La prière de foi est pleine de certitude*
> *et Dieu la garde en tête jusqu'à ce qu'il l'exauce.*

---

[13]   Psaume 139 : 2

11.- Vivre par la foi et vivre par sa foi

« *Voici, son âme s'est enflée, elle n'est pas droite en lui ; mais le juste vivra par sa foi*[14]. »

« *Et que nul ne soit justifié devant Dieu par la loi, cela est évident, puisqu'il est dit : Le juste vivra par la foi*[15]. »

Quelle est la différence entre ces deux expressions ? En résumé, vivre par la foi, c'est mener une vie en conformité avec la parole de Dieu qui est la Bible, la révélation de Dieu aux hommes. « *Vivre par la foi* » est cette manière de vivre que tous les citoyens du royaume sont appelés à adopter sur cette terre. Celui qui est citoyen du royaume ne peut pas vivre autrement. Vivre par la foi est comme une généralité, une mission que chacun des citoyens du royaume est appelé à accomplir. Oui, le juste vivra par la foi, par le « *Logos* » qui est la vérité scripturaire

Dans « *le juste vivra par sa foi* », il y a ici une spécificité ou encore une révélation particulière et personnelle. « *Par la foi* », « *la* » article défini marque une généralité. Mais « *sa* » est un pronom possessif qui indique l'appartenance. Le juste vivra par la foi est une première dimension dans la vie au royaume.

Cependant il ne doit pas se contenter de cette première dimension. Il doit aussi envisager d'atteindre la deuxième dimension qui est celle de « *vivre par sa foi.* » Ce deuxième niveau fait référence à une vie plus spécifique en relation avec le plan parfait de Dieu pour chaque citoyen du royaume. Et le croyant ne peut pas y accéder, ni s'y maintenir avec le mode de vie du premier niveau, c'est-à-dire « vivre par la foi ». C'est seulement avec la deuxième dimension, qui est « *vivre par sa foi* » _ vivre cette révélation qu'il a personnellement reçue de Dieu pour sa vie _ qui va rendre son ministère différent de ceux des autres.

Cette révélation le fait penser, parler et agir différemment par rapport aux autres. Cette dimension le pousse à aller plus loin. Ce qui peut parfois porter les autres à ne pas le comprendre et à mésinterpréter ses paroles et ses actes. Mais ce

---

14   Habacuc 2 : 4
15   Galates 3 : 11

n'est pas de sa faute. La raison est que la révélation spécifique qu'il a reçue marche avec une dimension de foi qui l'empêche de rester stationnaire. « *Vivre par la foi* » est la réalité de beaucoup de citoyens du royaume mais « *vivre par sa foi* » est encore un style de vie rare dans le royaume de Dieu.

12.- La foi téméraire

La foi téméraire est celle que rien ni personne ne peut arrêter. Elle est si motivée qu'elle est prête à renverser tous les obstacles spirituel, mental et physique qui peuvent se dresser sur son chemin. Son focus, c'est la conquête des promesses de Dieu. La Bible fourmille d'exemples de cette qualité de foi.

a) La femme Sunamite

Le deuxième livre des Rois au chapitre 4 nous rapporte l'histoire de la femme Sunamite. C'était une femme de la haute société qui accueillait régulièrement chez elle le prophète quand celui-ci passait dans la ville de Sunème. Dans son souci de récompenser la grande hospitalité de la dame, Elisée appela son serviteur pour l'aider à trouver un moyen de le faire. Le prophète ne savait que faire parce que la dame n'avait absolument aucun besoin matériel. Soudain, le serviteur du prophète fit remarquer à son maître qu'il n'y avait pas d'enfant dans la famille. L'homme de Dieu annonça alors à la femme que l'année prochaine, à pareille heure, elle aura un fils dans la maison.

Cela se passait comme le serviteur de Dieu l'avait dit.

Quelques années plus tard l'enfant eut une terrible crise et mourut. Elle prit l'enfant, le coucha sur le lit de la chambre réservée à l'homme de Dieu puis elle prit son âne et se mit en route pour se rendre chez le Prophète. « *Tout va bien* », fut sa réponse aux gens qui le saluaient en chemin. Arrivée chez l'homme de Dieu, elle lui posa cette question remplie de hardiesse de foi : « *Vous avais-je demandé de fils ?* ». La foi agissante de la dame jumelée à la disposition de l'homme de Dieu ramena à la vie le petit garçon. La foi téméraire n'accepte pas de défi. Cette Sunamite savait pertinemment que ce que Dieu a donné, Il ne le reprend jamais.

> *La foi téméraire fait que ce que Dieu a donné, il ne le reprend jamais.*

b) La femme cananéenne

Les Évangiles nous rapportent l'histoire de la femme cananéenne. Pourtant c'était une Syrienne, elle n'était même pas juive. Elle venait implorer le secours du Seigneur pour sa fille. Plusieurs heures s'écoulèrent déjà depuis qu'elle criait après le Maître, mais le Seigneur ne lui jetait même pas un regard favorable voire une réponse rassurante. Les disciples fatigués de l'entendre lamenter auprès d'eux, dirent à Jésus de faire quelque chose pour qu'elle se taise.

Le Maître leur donna une réponse truffée de préjugés et de racisme, on dirait un pharisien. La femme après avoir entendu la réponse du Maître, vint se jeter à ses pieds et le désarma avec une attitude et une réponse d'une humilité sans précédent. Et le Seigneur dut conclure en ces termes « Oh femme ! Ta foi est grande, même en Israël je n'ai pas trouvé une aussi grande foi... ». Même Dieu ne peut résister à une foi téméraire.

> *Même Dieu ne peut résister à une foi téméraire.*

c) La femme en perte de sang

Que dire de la foi de la femme en perte de sang ? Sa foi était si téméraire qu'elle ne sollicitât même pas l'aide du Seigneur mais, prit elle-même ce dont elle avait besoin. Dans son cas, on peut aussi parler de « *violence de foi* ». Elle faisait plus de violence sur cette pensée de mort imminente qui la hantait. Elle faisait encore plus de violence sur son corps déjà épuisé par la maladie, parce que sa foi lui indique les démarches nécessaires à sa guérison.

Elle mit tout son courage à bousculer la foule, malgré sa densité, pour enfin utiliser sa main de foi dans le but de toucher le vêtement du Maître et ainsi arracher aussitôt sa guérison. Mais où avait-t-elle trouvé cette réserve d'énergie qui lui avait permis d'obtenir cette grande guérison ? La foi téméraire ignore les faiblesses et réorganise les dernières énergies du corps pour nous lever d'un bond et regarder fixement vers celui qui seul, par sa main curative, peut nous faire rayonner de joie.

d) David face à Goliath

« Aujourd'hui l'Éternel te livrera entre mes mains, je t'abattrai et je te couperai la tête ; aujourd'hui je donnerai les cadavres du camp des Philistins aux oiseaux du ciel et aux animaux de la terre. Et toute la terre saura qu'Israël a un Dieu[16]. »

Comment un gamin de dix-sept ans oserait-il se tenir face à un colosse de guerre et de métier pour livrer bataille contre lui ? Où pouvait-il puiser une telle audace ? Dans ce contexte, si quelqu'un demandait à David la signification de la foi, il lui dirait que la foi c'est se prêter à Dieu. Quand on se prête à Dieu, on n'a plus le droit de parler et d'agir à sa manière mais à celle de Dieu. La foi en Dieu doit parler et agir comme Dieu aurait fait lui-même. C'est dans cette perspective qu'il faut considérer le comportement de l'adolescent David face au géant philistin.

> *Quand on se prête à Dieu,*
> *on n'a plus le droit de parler*
> *et d'agir à sa manière mais à celle de Dieu.*

13.- Témoignage personnel

J'aimerais clore ce chapitre avec un témoignage personnel. Quelques années de cela, des individus sont venus enlever (*kidnapper*) mon fils. Ce fut un vendredi après-midi dans la cour de l'église pendant qu'il jouait avec d'autres enfants. Généralement, ma famille et moi laissons le campus assez tard le soir. Quand le moment de partir arriva, Jason était introuvable. Nous l'avons cherché partout, finalement nous avons compris qu'il n'était pas sur le campus.

Nous avons passé toute la nuit à appeler et à chercher vainement. Dans la foulée, le Saint-Esprit a mis dans mon cœur de conclure un pacte avec ma femme : nous nous sommes engagés l'un à l'autre à ne rien dire qui soit en désaccord avec la parole de Dieu ou avec notre foi. Nous n'avions eu un premier contact avec les ravisseurs que le lendemain dans la matinée. Ils ont réclamé un million de dollars américains en échange de sa libération. Entre temps, toute la congrégation, les

---

[16] 1 Samuel 17 : 46

amis nationaux et étrangers se sont mobilisés dans la prière.

Le Seigneur m'a donné une sagesse et une autorité extraordinaires pour communiquer avec les kidnappeurs. Dimanche matin comme d'habitude, nous nous sommes rendus au temple comme d'habitude. Ce jour-là, le Saint-Esprit a changé le format du culte, nous avons eu un service de louanges extraordinaire, il n'y a pas eu d'enseignement ; nous avons passé tout le temps à louer Dieu. Ce qui a surpris totalement les visiteurs et certains membres de la congrégation. Ce matin-là, le Saint-Esprit m'a inspiré un cantique disant : « *Satan tu as commis une erreur stupide en portant ta main contre un oint de Dieu.* »

Toute l'assemblée a chanté et dansé sous l'égide du Saint-Esprit. Ce même jour, les bandits m'ont rappelé et je leur ai demandé de parler à mon fils. Ils ont remis le téléphone à Jason et je lui ai demandé : « *Jason, mon fils, comment vas-tu ?* » « *I'm blessed* », répondit-il.

Dans ma famille comme à la congrégation, c'est une façon particulière de se saluer. Demandez à des membres convaincus du C.D.F.T.L comment se portent-ils, aucun d'eux ne va vous répondre par des expressions défaitistes telles que : « *couci-couça ! Tant bien que mal ! M' pa pi mal ! Nap boule, etc.* » Au contraire, nous exprimons toujours notre foi. Je lui ai demandé encore : « *Est-ce que ton papa t'a déjà menti ?* » « *Non, Daddy* », m'a-t-il répondu. Je lui ai donné la garantie qu'il sera à la maison sous peu.

Le service du dimanche soir était similaire aux deux autres de la matinée : encore et toujours dans une atmosphère empreinte de la présence du Saint-Esprit, nous avons fait monter nos louanges vers Dieu. Au beau milieu du service, par l'Esprit de Dieu, j'ai dit à la congrégation : « *Demain à pareille heure, Jason sera avec nous à la maison.* »

Après avoir fait cette déclaration, j'ai eu peur et je me suis dit : « *Seigneur qu'est-ce que je viens de dire ?* » La fin de l'histoire me laisse comprendre que ce n'était pas moi, pasteur Jean Héder PETIT-FRÈRE, qui avais prononcé cette parole ; mais c'était Dieu lui-même par ma bouche. Comment cela s'est-il terminé ? Ai-je payé la rançon ? Absolument pas ! D'ailleurs, je n'avais même pas dix mille dollars voire un million. Le Seigneur a permis à la police de repérer le lieu où avait été séquestré mon fils. Les ravisseurs furent arrêtés. Lundi, vers les cinq heures dans l'après-midi, mon fils était déjà avec nous à la maison.

Permettez-moi, chers lecteurs, de saisir cette occasion une fois de plus pour bénir le Seigneur pour son indéniable soutien à notre foi et son intervention spéciale qui ont ramené mon fils sans une égratignure. J'en profite également pour remercier tous les membres du C.D.F.T.L, ceux des églises sœurs et des amis tant en Haïti qu'en terre étrangère qui avaient intercédé en notre faveur, lors de cette attaque du diable. Si ce n'était notre foi en la fidélité immanquable de Dieu, cette situation aurait pu nous coûter la vie de notre fils.

Celui qui s'exerce à la foi téméraire ne se laisse jamais intimider. Il avance décidément vers la conquête des victoires de Dieu pour sa vie. La victoire qui triomphe du monde, c'est notre foi. J'en ai dorénavant la conviction.

Résumé du chapitre IV

Les études précédentes nous montrent le rôle inéluctable de la foi dans le processus de notre croissance spirituelle et d'une relation fructueuse avec Dieu. Au regard de tout ce que nous avons déjà appris au sujet de cette vertu, il n'est plus désormais satisfaisant de se contenter seulement de connaître ce qu'elle est, mais aussi de savoir comment nous pourrons faire bon usage. Le chapitre quatre était celui appliqué à cette démarche, et les résultats obtenus montrent que :

1. Dieu nous accorde une mesure de foi selon notre raison d'être, notre capacité et notre disposition à grandir. *Nous ne pouvons pas avoir la foi en dehors de la connaissance approfondie de la Parole de Dieu et d'une dimension relationnelle avec notre Père céleste.*

2. La foi que Dieu nous donne est une semence qui doit germer, croître, mûrir et fructifier. *Mais tout cela ne peut être possible sans une attitude de respect face aux Saintes Écritures et notre adhésion à Dieu lui-même qui est notre source d'alimentation à tous les points de vue.*

3. La seule et vraie nourriture de notre foi, c'est la Parole de Dieu. *Comme le pommier qui ne peut croître ni fructifier hors d'un climat adéquat à sa nature, de même notre foi ne pourra s'épanouir et rester en vie dans un environnement qui n'est pas celui de la parole de Dieu.*

4. Nous ne pouvons faire une véritable démonstration de notre foi qu'à travers les décisions que nous pouvons prendre. *Notre réaction aux situations de notre vie, détermine si nous sommes dans la foi ou non. La foi et les risques vont de pair.*

5. L'homme n'a pas été créé pour « bourriquer » comme une bête de somme. *Son intelligence lui a été accordée par Dieu en vue d'un travail réussi avec diligence et facilité. Ce facteur de sa vie est aussi un indice qui lui permet de s'attirer les riches bénédictions de Dieu et ainsi confirmer sa foi en lui.*

6. **Nos prières doivent cesser d'être des tentatives arrogantes ou indécises,** *car, dans la prière, nous sommes censés développer une discipline spirituelle imprégnée de la certitude la plus totale.*

7. **Notre foi est une déclaration d'amour et d'allégeance à notre Créateur.** *Nous devons éviter de l'offenser en lui attribuant une image d'homme limité en pensée et ignorant de tout ce qui se passe ici-bas. Nous risquons ainsi de le mésestimer.*

8. **« Vivre par la foi » est un style conforme à la parole de Dieu et adapté à l'ensemble des citoyens du royaume.** *Tandis que « vivre par sa foi » est un standard harmonisé à la révélation personnelle que nous recevons de Dieu pour notre vie en relation avec notre raison d'être.*

9. **La témérité est une dimension de notre foi qui, face aux montagnes s'érigeant au-devant de nous, nous fait dire toute parole que Dieu lui-même aurait dite à notre place.** *Avoir la foi téméraire, c'est avoir la « foi de Dieu », c'est-à-dire avoir la « foi créatrice ».*

Conseil :

Toute connaissance négligée est vaine. La connaissance de la parole, lorsqu'elle ne s'applique pas à travers l'exercice de notre foi est un désastre et une offense grave envers Dieu. Nous avons donc une double responsabilité au regard de la connaissance que nous sommes en train de recevoir maintenant. Tâchons d'invoquer l'aide du Saint-Esprit pour qu'il nous aide à faire exactement ce pourquoi nous avons été créés : adorer Dieu et Le représenter valablement sur cette terre.

Lectures suggérées :
Matthieu 19, 27-30 ; I Samuel 17, 1-58 et II Rois 4, 8-37

« *Puisse le Saint-Esprit vous révéler votre raison d'être à travers une foi exceptionnelle !* »

CHAPITRE V

Le modèle de la foi christique

Dieu est et demeure un Dieu de principes. Cette vérité est enracinée dans cette vertu de Dieu qu'est son immuabilité. Sur cette terre, Dieu étant Esprit, est limité dans ses interventions sans la permission et la participation de l'homme. Il était impossible à Jésus d'opérer sur cette terre en tant que Dieu, c'est-à-dire en étant Esprit.

La Bible dit que « *le Christ s'était dépouillé de sa divinité pour venir sur la terre partager notre humanité.* » L'épître aux Hébreux précise « *qu'il a connu toutes les tentations que nous connaissons dans notre chair.* »

Autrement dit, Christ a expérimenté la nature humaine dans sa chair. C'est ce qui lui permet de nous comprendre et de nous venir en aide dans nos faiblesses. Jésus a vécu sa vie comme tous les gens de sa génération à la différence que, lui, il a choisi de faire de la parole de Dieu l'autorité première et finale de sa vie. Ce chapitre se propose d'étudier quelques-unes des méthodes qui ont été à la base de l'efficience et de l'efficacité de Jésus dans son ministère.

1) Dépendance totale par rapport au Père

Il est important de savoir que dans le domaine de Dieu, le hasard n'existe pas. Tout a été finement planifié. David dit : « *Quand je n'étais qu'une masse informe tes yeux me voyaient et sur ton livre étaient tous inscrits les jours qui m'étaient destinés avant qu'aucun d'eux existât*[1]. »

Cette vérité est valable pour chaque personne qui a vécu et qui vit encore sur cette terre. Malheureusement, d'aucuns n'ont pas encore vécu un seul jour de ce merveilleux plan que le Dieu Tout-Puissant a planifié pour leur existence sur

---

1   Psaume 139: 16

cette terre. En ce qui concerne Jésus, on peut voir que la Bible avait tout prévu : sa mère, son lieu de naissance, sa lignée familiale, son baptême, ses enseignements, ses miracles, son rejet, son arrestation, son jugement, sa mort, sa résurrection, sa glorification et même son retour. Il ne reste qu'une seule de ses prédictions qui ne soit pas encore matérialisée, son retour.

À la lumière du texte précité, on peut comprendre que c'est ainsi que Dieu l'a décidé pour chaque personne vivant sur cette planète. Mais la concrétisation des desseins de Dieu en ce qui a trait à la terre n'est pas une responsabilité qui doit lui incomber à lui seul. Il faut la participation et la permission de l'homme. C'est à ce carrefour que beaucoup ont échoué. Jésus maîtrisant bien cette dynamique, s'est toujours efforcé de connaître de jour en jour et de façon précise le plan de Dieu pour sa vie. D'où son intérêt à pratiquer une vie de prières incessantes et très soutenues.

Il était constamment en conversation avec le Père. Il priait tôt le matin. On peut être certain que Jésus n'allait en aucun lieu par hasard, mais il se déplaçait toujours suivant les directives qu'il reçut du Père, comme peut le témoigner l'expression « *être poussé par l'esprit* » qu'on rencontre si fréquemment dans les Évangiles. C'est dans cette optique qu'il faut apprécier cette recommandation du roi Salomon :

« *Confie-toi en l'Éternel de tout ton cœur, et ne t'appuie pas sur ta sagesse; Reconnais-le dans toutes tes voies, et il aplanira tes sentiers. Ne sois point sage à tes propres yeux, crains l'Éternel, et détourne-toi du mal*[2]. » Une vie de totale dépendance de Dieu, c'était l'un des secrets de Jésus.

> *Dans le combat de la foi,*
> *le secret de la victoire est notre allégeance à Dieu.*

---

2   Proverbes 3: 5-7

2) Jésus opérait toujours par la foi

Jésus a dit : « *Ayez foi en Dieu !* » Plusieurs exégètes s'accordent à dire que d'après la structure de cette phrase dans le grec, au lieu de « *ayez foi en Dieu !* », on devait avoir de préférence « ayez la foi de Dieu ! ». Effectivement, il y a une différence certaine entre « *avoir foi en Dieu* » et « *avoir la foi de Dieu* ». La foi en Dieu permet seulement de bénéficier de quelques bénédictions de lui.

C'est ce type de foi qui était courante dans l'Ancien Testament. Mais Jésus voulait que ses disciples atteignent un niveau supérieur de foi qui est la foi de Dieu, différente de celle pratiquée dans le Judaïsme. Ce niveau de foi amènera toujours le croyant à procéder comme Dieu. Voyons : quand Dieu a besoin d'une chose, il fait appel à sa foi.

Quand il parle sa foi en appelant cette chose qu'il veut, elle s'amène promptement comme le dit la Bible, il est le Dieu « *qui appelle les choses qui ne sont point comme si elles étaient*[3]. » C'était de cette façon que les choses se passaient quand Dieu fit la création. Il a seulement appelé les choses et elles sont venues à l'existence.

Jésus n'opérait pas dans la dimension de « *la foi en Dieu* » mais dans celle de « *la foi de Dieu* ». Il procédait comme Dieu lui-même aurait fait. Il ne pratiquait pas de rituels. Comme son Père, il a seulement appelé ce qu'il voulait et cela se matérialisait au premier appel. Les phénomènes spirituels et naturels obéissaient tous à ses ordres.

Ce fut bien cette dimension de foi qu'il enseignait aux disciples en Marc 11: 20-24. Sur cette terre, Jésus n'a pas opéré en tant que Dieu ; mais comme un simple homme qui s'est exercé à une foi totale dans la certitude que toute chose se mettra en ligne au bonheur et à la satisfaction de toute l'humanité. Il en fut ainsi et il en sera toujours. Devant le tombeau de Lazare, Jésus en avait donné la preuve la plus probante : « *Pour moi, je savais que tu m'exauces toujours* », disait-il. Jésus devrait être le modèle de notre vie quotidienne.

---

3   Romains 4 : 17

3) La foi de Jésus et les Saintes Écritures

On a déjà vu que la foi ne peut en aucune façon exister en dehors des Saintes Écritures. Il en est de même de la foi de Jésus, elle se trouvait solidement enracinée dans la Parole de Dieu. D'ailleurs, Jésus vécut dans la chair une vie strictement régie par le Saint-Esprit. D'où l'expression courante dans les Évangiles: « *comme l'Écriture l'annonçait* » et qui revient suite à plusieurs de ses actions. C'est par la Parole de Dieu que Jésus a toujours triomphé de ses ennemis spirituels et physiques. Sa confrontation face au serpent ancien dans le désert témoignait combien il maîtrisait cette arme.

Qu'est-ce qui explique que l'enseignement de Jésus était rempli d'autorité et transcendait autant de gens, pour la plupart des théologiens et des docteurs de la Loi ? Cependant, la doctrine des pharisiens était si insipide qu'elle n'attirât que peu de gens. Il faut avouer que Jésus pour sa part, n'avait enseigné que l'essence de la Loi, la vérité éternelle de Dieu. La révélation que Jésus exposait aux gens venait de la Torah.

On serait étonné de constater que la quasi-totalité des enseignements de Jésus était déjà confirmée dans ce fameux livre. Les enseignements de Jésus étaient imprégnés de la foi de Dieu qu'il incarnait ; ce qui rendait ses enseignements encore plus vivaces, plus dynamiques, démontrables et vivifiants : « *...Mes paroles sont esprit et vie*[4] », a-t-il martelé.

Cependant les docteurs de la loi, de leur côté, avaient mis en quarantaine l'essence de la Torah pour n'enseigner que des légèretés et, ce faisant, se sont perdus dans un gouffre de traditions et de logiques absurdes qui les éloignaient, eux-mêmes et leurs disciples, de la vérité éternelle de Dieu. Si ce que vous pratiquez et enseignez est loin d'être la vérité scripturaire, il finira inéluctablement par vous éloigner de Dieu, vous-mêmes et vos adeptes : « *les aveugles conduisant des aveugles ne peuvent que sombrer dans la même fosse*[5]. »

---

4   Jean 6 : 63
5   Matthieu 15: 14

C'est exactement ce qui était arrivé aux pharisiens et aux scribes du temps de Jésus. Leurs enseignements étaient mornes, sans vie ; la foi y était totalement absente. Tout compte fait, on pourrait dire que Jésus connaissait le Dieu de la parole, mais les pharisiens et les scribes connaissaient seulement les lettres de la parole. Or, « *Les lettres tuent mais l'Esprit vivifie*[6] », dixit Apôtre Paul.

En d'autres mots, les lettres de la parole ne peuvent pas générer la foi vivifiante, il n'en est pas ainsi de l'esprit de la parole. Mais toujours, il faut d'abord connaître le Dieu de la parole avant de comprendre l'esprit de la parole. C'était donc une évidence que les enseignements des pharisiens et des scribes furent aussi vides de sens et accablants. La raison en est qu'ils ne pouvaient pas avoir la révélation cachée dans ces lettres parce qu'ils ne connaissaient pas le Dieu de la parole.

> *Nous devons connaître d'abord le Dieu de la parole avant de comprendre l'Esprit de la Parole.*

4) La foi démontrée

À propos de cette foi, l'apôtre Jacques émet le raisonnement suivant : « *Mais quelqu'un dira: Toi, tu as la foi; et moi, j'ai les œuvres. Montre-moi ta foi sans les œuvres, et moi, je te montrerai la foi par mes œuvres*[7]. » L'apôtre nous enseigne que la foi non démontrable et inactive est vaine. L'auteur de l'épître aux Hébreux souligne que: « *la foi est une démonstration*[8] ».

Aussi, celui qui se dit être dans la foi ou avoir la foi doit pouvoir la confirmer à travers des actions concrètes, courageuses, hardies et parfois risquées. La vie de Jésus nous présente-t-elle cet exemple de foi ? Les lignes qui suivent confirmeront l'évidence de la « *foi démontrée* » de Jésus.

---

6   2 Corinthiens 3 : 6
7   Jacques 2: 18
8   Hébreux 11: 1

a) À travers une vie de piété

La vie de Jésus sur la terre était caractérisée par un attachement entier à Dieu. On pouvait facilement voir et attester cette marque de piété dès son plus jeune âge, comme en témoigne l'histoire suivante : « *Il avait douze ans quand ses parents l'ont amené à Jérusalem pour participer à la fête de Pâques. La fête, une fois terminée, ils devaient reprendre la route pour rentrer chez eux.* »

Après une journée de marche, Joseph et Marie comprirent que Jésus n'était pas avec eux. Ils durent alors rebrousser chemin à la recherche de leur enfant immaculé. Arrivés à Jérusalem, ils le trouvèrent dans le temple en train de discuter avec les grands enseignants et éminents docteurs de la Loi. C'est à ce moment-là, en guise de justification, que Jésus indiqua sa raison d'être : « *Pourquoi me cherchez-vous ? Ne savez-vous pas qu'il faut que je m'occupe des affaires de mon Père ?*[9] »

À Samarie, au bord du puits de Jacob, après qu'il eût instruit la femme samaritaine, les disciples qui savaient que Jésus pouvait avoir faim lui demandèrent instamment de manger quelque chose. Mais il a refusé en disant : « *Ma nourriture, c'est de faire la volonté de celui qui m'a envoyé*[10]. » La foi ne nous a pas été octroyée pour que nous puissions seulement obtenir tout ce qu'il nous faut de matériel, mais l'objectif premier de Dieu en nous donnant la foi, a été de nous rendre apte à remplir la tâche pour laquelle il nous a créés. En ce sens, la foi nous sert de tremplin vers le grand saut de l'accomplissement de notre raison d'être.

b) À travers une vie d'obéissance

La Bible dit :« *Mais Jésus leur répondit: Mon Père agit jusqu'à présent; Moi aussi, j'agis.*[11] »

« *Je ne puis rien faire de moi-même: selon que j'entends, je juge; et mon jugement est juste, parce que je ne cherche pas ma volonté, mais la volonté de celui qui m'a envoyé.*[12] »

---

9   Luc 2: 49
10   Jean 4: 34
11   Jean 5: 17
12   Jean 5: 30

La vie de Jésus était aussi caractérisée par une obéissance inconditionnelle à son Père. Il a affirmé à ses détracteurs qu'il ne fait que ce que le Père lui demande de faire. L'apôtre Paul enseigne dans une lettre aux Philippiens que Jésus a vécu cette obéissance jusqu'à une mort infâme. C'est par stricte obéissance au Père qu'il avait enduré ce sort ignominieux. On doit faire remarquer l'attitude révérencieuse qu'il adopta pour demander à son Père d'éloigner de lui cette coupe amère : « *Toutefois, non pas ma volonté mais la tienne.* »

Autrement dit, si sa volonté et celle du Père s'étaient trouvées en contradiction, il aurait préféré s'assurer envers et contre tous que ce soit la volonté de son Père qui prenne le dessus. En dehors de la foi, il est impossible au croyant de vivre une vie d'obéissance totale à Dieu.

> *En dehors de la foi, il est impossible au croyant de vivre une vie d'obéissance totale à Dieu.*

b) À travers une vie de sainteté

L'épître adressée aux Hébreux stipule que Jésus a été tenté comme nous tous en toutes choses, mais qu'il n'a jamais commis de péché. Comment a-t-il fait pour triompher du monde et de ses attraits ? La réponse est simple : « *Il se laissait toujours conduire par l'Esprit de Dieu* ». Après son baptême, la Bible dit que c'était l'Esprit de Dieu qui avait emmené Jésus dans le désert pour être tenté par le diable. On peut déduire qu'il avait été effectivement tenté sans pour autant être vaincu. Cette même expérience et cette vie de triomphe peuvent être également le partage de tous ceux qui désirent vivre pour plaire à Dieu.

On doit aussi comprendre que ce n'est pas parce qu'il était le Christ que Jésus avait pu vaincre Satan. Loin de là ! La vérité, c'est que c'était l'Esprit de Dieu qui l'avait conduit à la tentation. En conséquence, la grâce et la provision de Dieu sont toujours disponibles pour ses enfants là où Il les conduit lui-même. Si c'est votre chair qui vous conduit dans une zone de tentation, il vous sera très difficile de vous en sortir sain et sauf parce que le Ciel n'avait pas prévu de provision pour vous dans cette zone. Puisque Jésus se laissait toujours diriger par l'Esprit, cela sous-entend qu'il était toujours approvisionné par le Ciel et qu'il pouvait toujours faire face aux tentations, quelles qu'elles soient et d'où qu'elles puissent provenir. Il a dit : « *Le prince de ce monde vient mais il n'a rien en moi.* »

> *La grâce et les provisions de Dieu sont toujours disponibles pour ses enfants là où il les conduit lui-même.*

d) Par le biais des miracles

La foi que Jésus prêchait n'était pas abstraite. Les gens pouvaient la voir, la sentir et la toucher. Luc, au quatrième chapitre de son évangile, montre qu'après le combat féroce qu'il venait de livrer au diable, Jésus arriva dans la ville de Nazareth et entra dans la synagogue où il lit un passage du livre du prophète Ésaïe.

Après la lecture, Il déclara que la prophétie d'Ésaïe eut son accomplissement aujourd'hui (*au moment où Jésus acheva sa lecture*). Qu'est-ce que cette prophétie annonçait ? De bonnes nouvelles : guérison, délivrance, liberté, recouvrement de la vue, abondance, le règne de la grâce. Partout où Jésus passait, ces bénédictions accompagnaient toujours son ministère.

> *Aucune foi n'est réelle, si elle n'est démontrée à travers une vie de piété, d'obéissance et de sainteté.*

Résumé du chapitre V

Jésus, en dépit de ses vertus divines, a opéré sur la terre à l'instar d'un homme ordinaire qui, cependant, a refusé de vivre en dehors d'une attitude de foi qui n'honore pas Dieu. Étant notre modèle parfait, Il nous enseigne à suivre ses exemples :

1. *Notre foi ne peut être acquise et gardée en vie en dehors d'une relation intime avec le Père.*

2. *Il est préférable d'opérer comme le Père aurait lui-même opéré au lieu d'attendre que ce soit lui qui vient tout faire à notre place. Agir comme Dieu, c'est agir en parfait accord avec sa parole, tandis qu'en le laissant agir seul, ses actions resteront sans effet dans notre vie, car les desseins de Dieu pour nous ne se réaliseront qu'avec notre permission et notre participation.*

3. *La foi de Jésus se trouvait solidement enracinée dans la parole de Dieu. Tout ce qu'il a fait correspond à ce que le Père lui-même aurait fait, autrement dit ce que le Père lui a demandé de faire, il le fait promptement.*

4. *La foi de Jésus était active et démontrée par :*

a) sa piété (Il avait donné toute son allégeance à son Père.)
b) son obéissance (Il s'assurait toujours que ce soit la volonté de son Père qui passe la première.)
c) sa sainteté (Il a gardé son esprit au-dessus des pensées négatives et destructrices du monde.)
d) ses miracles (Il a donné la preuve tangible de la puissance de la foi édifiée sur les piliers de la parole de Dieu.)

Conseil :

Jésus était venu nous enseigner le modèle d'homme parfait, façonné à la stature parfaite de son Père. Suivez son exemple ! Sinon, vous irez après des choses vaines, qui n'apportent ni profit ni délivrance, parce que ce sont tout simplement des choses du néant. »

Lectures suggérées :
I Samuel 15, 10-35 ; Marc 11, 12-24 ; Jean 11, 1-46 (lire attentivement les versets 39 à 44).

« **Que vos pas soient guidés par le Saint-Esprit afin que l'expérience de votre foi soit accomplie selon la volonté de Dieu !** »

CHAPITRE 6

Comment Dieu voit-il la foi ?

1) La foi honore Dieu

Quand un chrétien vit par la foi, il choisit un style de vie qui fera toujours honneur à son Dieu en tout temps et en toutes circonstances de sa vie. Quand le croyant adopte une attitude de foi conforme à la parole Révélée, Dieu trouvera toujours en ce croyant : un enfant selon son cœur. Les citoyens du royaume qui adoptent et qui cultivent ces différents types de comportements que contient ce nouveau chapitre, honorent Dieu continuellement dans leur vie, selon qu'il est écrit : « *…, Si quelqu'un l'honore et fait sa volonté, c'est celui-là qu'Il exauce*[1]. »

a) Une attitude de sainteté

« *Ce que Dieu veut, c'est votre sanctification; c'est que vous vous absteniez de l'impudicité.* »

L'une des plus précieuses promesses que Dieu a faites aux croyants est de partager sa nature avec eux. La Bible dit que Dieu est saint, et ceci au sens absolu du terme. La sainteté est inhérente à l'essence même de Dieu. Ce n'est pas que Dieu possède la sainteté, mais il est Sainteté au sens plein du terme.

La Bible affirme encore que nous sommes héritiers de Dieu au même titre que le Christ et que, comme celui-ci, les croyants sont appelés à partager la nature de leur divin Père. Le mot « *sainteté* » est tiré du mot sémitique « *qôdèš* » qui signifie « *choses saintes* ».

La racine de ce mot comporte l'idée de rupture, séparation et de mise à part. Par conséquent, la sainteté implique une idée de séparation des convoitises du monde, une consécration complète au Seigneur. Celui qui marche dans la sainteté abandonne sa vie totalement à Dieu, il s'évertue corps et âme pour plaire à Dieu,

---

[1] Jean 9: 31

il mène une vie réglée sur la parole de Dieu. Qu'il mange, boive ou fasse quelque autre chose, il doit tout faire en vue de glorifier Dieu, son Père.

Par cette attitude de sainteté, on comprend bien que celui qui vit par la foi ne pourrait se mettre avec les infidèles sous un joug étranger. Il doit renoncer aux mensonges, il doit être radical dans ses convictions. Il ne peut pas être gentil avec le péché ni les pécheurs dans l'assemblée des justes. Il doit éviter toute forme de compromission. S'il aime Dieu de tout son cœur, il haïra le péché de toutes ses forces.

Parfois, sa vie de sainteté pourrait même lui attirer des ennuis, mais sa foi l'empêchera de faire marche arrière. Il n'a pas à se faire des opinions des autres. Tout ce qui compte pour lui, c'est de plaire à Dieu. Les opportunités sociales qui sont en contradiction avec la parole de Dieu ne l'intéressent point. Il n'a qu'une priorité : celle de toujours honorer Dieu dans les moindres détails de sa vie. Quand une personne s'identifie à Dieu par une vie de sainteté, Dieu ne manquera pas de s'identifier à elle par une vie d'abondance : « *J'honore ceux qui m'honorent*[2]. » Je suis l'Éternel !

> *Quand une personne s'identifie à Dieu*
> *par une vie de sainteté, Dieu ne manquera pas*
> *de s'identifier à elle par une vie d'abondance.*

b) Comme une offrande

À travers la Bible, les offrandes sont représentées comme des marques de gratitude en témoignage d'une attitude de reconnaissance de l'homme à l'égard de son Dieu. C'est dans cette démarche que nous pouvons inscrire l'offrande d'Abel. Hébreux 11 : 3 rappelle que c'était par la foi qu'Abel offrit les prémices de son troupeau à l'Éternel, et ce fut par cette attitude de foi que Dieu dut agréer son offrande, parce qu'elle lui a plu. On peut dire que l'offrande d'Abel était confondue avec sa foi en celui à qui il la présentait. Il faut aussi inscrire les autels des patriarches

---

2   1 Samuel 2 : 30

dans cette même perspective.

À aucun moment de leur vie les patriarches n'avaient manqué d'offrir à Dieu des offrandes sur des autels qu'ils avaient eux-mêmes bâtis en signe de foi, de gratitude, d'attachement et d'espérance en l'accomplissement des promesses. L'autel leur servait aussi de mémorial, c'est-à-dire un monument qui est là pour leur rappeler cette promesse que Dieu leur avait faite. Dans l'épître aux Romains, l'apôtre Paul exhorte les chrétiens à offrir leur corps à Dieu, comme un sacrifice vivant, saint et agréable. Il dit plus loin que c'est ce genre de culte qui répond aux exigences de Dieu.

La vie quotidienne du croyant doit être une offrande constante et agréable à Dieu ; et cette qualité de vie ne peut être possible en dehors de la foi. Les principes du royaume exigent que la vie du croyant soit immolée quotidiennement sur l'autel des circonstances qui l'entourent. Cela veut dire que les réponses, les réactions et les comportements du croyant face aux situations et circonstances de la réalité de son environnement de chaque jour doivent être dictés par la parole de Dieu. Sa réaction prouvera le volume de risques que sa foi peut courir.

Ce faisant, la vie du croyant deviendra une offrande effectivement agréable et de bonne odeur. De même que Dieu savoure nos louanges, de même aussi il est désireux de priser l'offrande de notre foi. L'auteur de l'épître aux Hébreux précise :

« *Nous donc aussi, puisque nous sommes environnés d'une si grande nuée de témoins, rejetons tout fardeau et le péché qui nous enveloppe si facilement, et courons avec persévérance dans la carrière qui nous est ouverte, ayant les regards fixés sur Jésus, le chef et le consommateur de notre foi, qui, en vertu de la joie qui lui était réservée, a souffert la croix, méprisé l'ignominie, et s'est assis à la droite de Dieu*[3]. »

> *Les principes du royaume exigent que la vie du croyant soit immolée quotidiennement sur l'autel des circonstances qui l'entourent.*

---

3   Hébreux 12 : 1-3

c) La foi rend le croyant agréable à Dieu

La Bible dit : « *Or sans la foi il est impossible de lui être agréable; car il faut que celui qui s'approche de Dieu croie que Dieu existe, et qu'il est le rémunérateur de ceux qui le cherchent*[4]. » On serait étonné de constater combien de croyants qui, par le biais d'énormes sacrifices, cherchent à satisfaire leurs propres critères dans le but, pensent-ils, de plaire à Dieu. Nombre de chrétiens sont pris dans le filet de l'orgueil spirituel à l'instar de ce pharisien qui entra dans la synagogue pour prier de cette manière : « *Père je te loue de ce que je ne ressemble pas à ces vilains de publicains...* ».

Ces genres de chrétiens pensent que le temps passé dans le jeûne, à la prière, dans les lamentations ou autres sacrifices peuvent compenser une vie agréable dans la foi. Comme le pharisien, ces « *archi-chrétiens* »* se sont malheureusement mis le doigt dans l'œil, et jusqu'au coude; car il n'y a qu'une offrande agréable à Dieu, c'est la démonstration de notre foi dans l'amour.

Si nos bonnes intentions, nos belles et bonnes paroles, nos actions extraordinaires, nos offrandes incalculables ne sont pas guidées par la foi, elles sont tout aussi répugnantes que ne l'avait été celle de Caïn aux yeux de Dieu. Car seule la foi est capable de lui plaire. Celui qui veut plaire à Dieu par ses propres moyens se retrouvera spontanément empilé dans le lot de ces hypocrites juifs du temps de Jésus qui pensaient pouvoir satisfaire les exigences de sa Sainteté par les œuvres de la Loi en dehors de la foi.

La Bible dit clairement que nulle chair ne pourra se justifier devant Dieu par ses propres œuvres. Le croyant agréable à Dieu est celui qui mettra toute sa confiance dans le sacrifice de Christ à la croix et qui dépendra entièrement de la grâce disponible en Jésus.

> *Seule la foi est capable de plaire à Dieu.*

---

4   Hébreux 11 : 6

d) Dieu récompense la foi

La Bible dit : « *Or sans la foi il est impossible de lui être agréable; car il faut que celui qui s'approche de Dieu croie que Dieu existe, et qu'il est le rémunérateur de ceux qui le cherchent*[5]. » L'expression « *Il est le rémunérateur* » signifie qu'il est le seul capable de nous récompenser d'avoir fait bon usage de notre foi. Une récompense, selon le Petit Robert, c'est un don ou une faveur qui compense une perte ou un dommage, c'est également un prix à valeur honorifique. C'est encore un bien matériel ou moral reçu pour une bonne action ou un service rendu.

Autrement dit, on ne saurait avoir une récompense sans l'avoir méritée. Dieu est le rémunérateur de ceux qui le cherchent signifie que la rémunération vient en compensation à notre effort mis dans la recherche de la vertu, de la sainteté et de Dieu en faisant incessamment usage de notre foi. Lorsque quelqu'un s'engage à Dieu par la foi, il paie un grand prix. La foi nous met toujours en péril, car elle nous fait courir de grands risques. Abraham avait risqué d'immoler Isaac, l'unique héritier qu'il avait conçu dans sa vieillesse. Dieu qui ne manque jamais à sa fidélité, sera toujours là pour tout nous restituer au centuple, dans cette vie et jusque dans l'éternité. Quels que soient les risques encourus, pourvu que ce soit en obéissance à la parole de Dieu, nous serons toujours soutenus et protégés.

e) La foi triomphe toujours

Pour se tenir face à Goliath, David dut risquer sa propre vie. Aurait-il eu un plus grand risque à courir ? Ne fut-ce pas la dimension du risque qui effrayait les plus grands guerriers de l'armée du roi Saül ? Pourtant, muni du bouclier de sa foi en Dieu, le jeune David, quoiqu'inexpérimenté dans les habitudes militaires, était le plus fort face au colosse philistin. Ce risque lui a valu toute la gloire de la bataille au point que les femmes d'Israël chantaient : « *Saül a tué mille et David dix-mille*[6] ! »

Un autre exemple approprié est celui de Moïse. Celui-ci, en effet, était le mieux placé pour devenir pharaon d'Égypte. Qu'y avait-il de plus prometteur pour un jeune homme dans cette société ? C'était la position la plus enviable dont on

---

5   Hébreux 11 : 6
6   1 Samuel 18 : 7

pouvait rêver. Par la foi, Moïse refusa ce grand privilège pour choisir le camp de Dieu.

Il est important de souligner le contraste flagrant qui existe entre ce que Moïse a refusé et la carrière qu'il a embrassée. Refuser le trône pour s'identifier à des esclaves, dans l'ordre naturel des choses, c'est un choix des plus scandaleux. Comme récompense, Moïse eut le privilège qu'aucun prophète en Israël qui a vécu avant et après lui n'a et n'aura jamais eu : celui de se tenir littéralement dans la sainte présence de Dieu.

En plus d'avoir eu l'opportunité d'être l'instrument par lequel Dieu a opéré des signes, des prodiges et des miracles mais encore il a parlé à Dieu face-à-face. À tous ceux-là qui s'engagent sur les difficiles sentiers de la foi, songez que le Dieu de toutes bénédictions, celui qui est généreusement et abondamment riche pour quiconque l'invoque, vous attend à l'autre bout de la route pour récompenser grandement votre foi. Soyez fermes et constants dans votre marche avec lui. Sa Fidélité ne tardera pas à se révéler de manière grandiose dans votre vie.

f) La foi : la seule langue du royaume

Parlant des citoyens du royaume de Dieu vivant sur cette terre, l'apôtre Pierre déclare : « *Vous, au contraire, vous êtes une race élue, un sacerdoce royal, une nation sainte, un peuple acquis, afin que vous annonciez les vertus de celui qui vous a appelés des ténèbres à son admirable lumière*[7]. »

Mais si nous sommes un royaume, une nation, un peuple, quelle langue devrait-on parler ? Quel devrait être le jargon du territoire ?

La réponse à ces questions est une vérité qui échappe à la quasi-totalité des citoyens du royaume de Dieu. La grande majorité des croyants ne parlent pas, du moins ne connaissent pas la langue de leur pays (*le royaume*). Si la langue permet d'identifier la nationalité d'un individu, beaucoup de citoyens du royaume seront alors pris pour des étrangers pour la simple et bonne raison que la langue dont ils font usage n'est pas celle du royaume auquel ils disent ou pensent appartenir. Il est

---

7   1 Pierre 2: 9

un fait indéniable qu'une colonisation culturelle est de loin plus puissante et plus durable que toute colonisation politique et militaire.

Prenons l'exemple de la colonisation grecque avec le général Alexandre le Grand. En grand conquérant, il fit une colonisation à double dimension : militaire et culturelle. Dans toutes les régions où son armée réussissait une conquête, il imposa la langue et la culture grecques. L'histoire témoigne que plusieurs siècles après l'anéantissement de cette puissance militaire, la langue et la culture grecques étaient encore dominantes dans le bassin de la Méditerranée.

g) Appelé à être conquérant

C'est exactement ce que Dieu veut de cette terre. Il veut que les citoyens de son royaume fassent la conquête de la terre, c'est-à-dire qu'il incombe à nous autres croyants d'imposer la culture du royaume dans ce monde. Or, l'arme principale de la culture, c'est la langue en dehors de laquelle aucune colonisation fût-ce terrestre ou céleste n'arrivera jamais à s'imposer efficacement. Comme le royaume de Dieu est monolingue, il s'ensuit que la seule langue admise, parlée et comprise est la langue de la foi.

Dans le royaume nous ne fonctionnons pas par nos sens mais par la foi c'est-à-dire par la parole de Dieu. La vérité pour le citoyen du royaume, ce n'est pas ce que les circonstances semblent vouloir lui indiquer, mais ce qui est en accord avec les vérités éternelles de Dieu. C'est la seule langue que comprend le grand roi du royaume. Si un citoyen ne s'exprime pas dans cette langue, c'est qu'il n'est pas de ce royaume, et s'il en est ainsi, il n'y a pas non plus de garantie que le roi va l'accueillir ni l'écouter.

Seule la langue du royaume attire les bénédictions du royaume. Par conséquent, si quelqu'un voudrait voir les richesses du royaume se matérialiser dans sa vie, il doit ipso facto se mettre en ordre avec les lois éternelles du Seigneur, entre autres, commencer par parler la seule langue qui y est comprise : celle de la foi.

> *La vérité pour le citoyen du royaume,*
> *ce n'est pas ce que les circonstances semblent lui indiquer*
> *mais ce qui est en accord avec la parole de Dieu.*

h) Parler la langue du royaume n'est pas un exercice au-dessus de notre capacité

Parler la langue de la foi devrait être aussi naturel que nécessaire pour le croyant tout comme l'anglais pour l'américain ou le créole pour l'Haïtien. Ce n'est pas seulement dans ses rapports avec le roi que le croyant doit utiliser la langue du royaume, mais c'est dans toutes ses relations fraternelles et générales à longueur de journée. Il va sans dire que nous devons continuellement veiller à ce que nos pensées et nos paroles soient toujours en accord avec la parole éternelle de Dieu. C'est pourquoi le croyant ne peut pas se plaindre comme « *monsieur tout le monde* ». Il ne peut pas être désespéré comme ceux-là qui sont étrangers à la maison de Dieu et à ses lois. Sa position en toutes circonstances est celle de la constitution du royaume.

Vous vous demandez peut-être comment on arrivera à s'exprimer dans la langue du royaume dans un monde si hostile aux réalités de Dieu. Cela a toujours été la question des hommes de tous les temps. Moïse nous livre la réponse que voici :

« *Ce commandement que je te prescris aujourd'hui n'est certainement point au-dessus de tes forces et hors de ta portée. Il n'est pas dans le ciel, pour que tu dises: Qui montera pour nous au ciel et nous l'ira chercher, qui nous le fera entendre, afin que nous le mettions en pratique ? Il n'est pas de l'autre côté de la mer, pour que tu dises: qui passera pour nous de l'autre côté de la mer et nous l'ira chercher, qui nous le fera entendre, afin que nous le mettions en pratique? C'est une chose, au contraire, qui est tout près de toi, dans ta bouche et dans ton cœur, afin que tu la mettes en pratique*[8]. »

Conséquemment, parler la langue du royaume n'est pas la chose la plus difficile qui soit. La Bible dit que c'est de l'abondance du cœur (*c'est-à-dire de la pensée*), que la bouche parle. En effet, celui qui désire parler la langue du royaume devra s'assurer que son cœur (ou sa pensée) soit toujours rempli des vérités éternelles de Dieu. Le psalmiste s'est écrié : « *Je sers ta parole dans mon cœur afin de ne pas pécher contre toi*[9]. »

---

8   Deutéronome 30: 11-13
9   Psaume 119: 11

À Josué, l'Éternel recommande la méditation constante de la constitution du royaume afin que la langue de la foi soit toujours présente sur ses lèvres : « *Que ce livre de la loi ne s'éloigne point de ta bouche; médite-le jour et nuit, pour agir fidèlement selon tout ce qui y est écrit; car c'est alors que tu auras du succès dans tes entreprises, c'est alors que tu réussiras*[10]. »

Le Psaume premier souligne que « *celui qui médite sur la constitution du royaume est comme un arbre planté près d'un courant d'eau qui donne son fruit en sa saison et dont le feuillage ne se flétrit point.* » Cela sous-entend que le citoyen du royaume doit être toujours en mesure de donner la réponse convenable aux situations à travers l'application des prescrits de la constitution du royaume.

i) À l'exemple de Christ

Jésus n'a jamais ouvert la bouche sans qu'il ne soit en parfait accord avec la loi du royaume. Toutes ses réponses ont été soutenues par elle. C'est la raison pour laquelle le sanhédrin avait de grandes difficultés à trouver un chef d'accusation contre lui. C'est aussi ce qui explique l'efficacité de son ministère.

En effet, la création entière était à son service et l'obéissait promptement. Comment cela s'explique-t-il ? Pour amener la création à l'existence, Dieu avait utilisé sa foi. Il a commandé et la création est venue à l'existence. Cette création issue de la foi de Dieu est toujours disponible pour obéir à cette foi dont elle est le produit. Il faut savoir que Satan n'a pas la capacité d'empêcher la création d'obéir à la voix de la foi. Quand même votre délivrance se trouverait au fin fond de l'enfer si vous l'appelez en utilisant une voix de foi, elle briserait tous les verrous de l'enfer pour venir se mettre à votre disposition.

Tout dans l'univers a été créé par la foi et aujourd'hui encore tout l'univers est attentif à répondre à la voix de la foi. Si quelqu'un ne parle pas la langue du royaume qui est la foi, il est comme un sourd-muet spirituel pour le système de Dieu. Vous devez vous voir comme un digne citoyen du royaume et vous appliquer à utiliser convenablement votre langue afin de jouir des privilèges du royaume qui sont disponibles pour vous en une quantité telle que la place fait défaut pour

---

10   Josué 1 :8

la contenir. Souvenez-vous toujours que « *Nous avons tout pleinement en Jésus-Christ[11].* »

2) Jamais sans la foi

Notre Dieu reste un Dieu de principes. Tout ce qu'il va faire ou non sera toujours fonction des principes qu'il a établis au préalable. En d'autres termes, Dieu ne peut absolument rien faire en dehors du manuel constitutionnel qu'il a lui-même élaboré. Certains chrétiens pensent pouvoir obliger Dieu à les bénir en dehors de ses principes. À Dieu ne plaise ! Tant que Dieu demeure dans sa nature immuable, vous ne le verrez jamais agir à l'encontre de sa parole, à moins que ce soit dans un rêve cauchemardesque.

La Bible dit que Dieu est immuable, c'est-à-dire qu'il est irréversible dans sa nature. Sa fidélité constitue l'un des éléments fondamentaux de sa personnalité.

Malheureusement, certains croyants ne comprennent pas encore la double facette de la fidélité de Dieu. Dieu est fidèle sous-entend qu'il mettra les cieux et tout l'univers en sens dessus dessous pour venir en aide à ceux qui obéissent à ses préceptes, comme ce fut le cas du prophète Daniel et de ses compagnons. La fidélité de Dieu implique également qu'il restera, malgré lui, assis sur son trône pour constater avec douleur les défaites et les humiliations de ceux qui ne respectent pas ses ordonnances, comme ce fut le cas du peuple d'Israël devant Aï, devant les Philistins à l'époque du sacrificateur Élie et lors de leur déportation.

La Bible souligne : « *Sache donc que c'est l'Éternel, ton Dieu, qui est Dieu. Ce Dieu fidèle garde son alliance et sa miséricorde jusqu'à la millième génération envers ceux qui l'aiment et qui observent ses commandements. Mais il use directement de représailles envers ceux qui le haïssent, et il les fait périr; il ne diffère point envers celui qui le hait, il use directement de représailles[12].* »

---

11   Colossiens 2: 10
12   Deutéronome 7: 9-10

3) La foi va de pair avec la parole de Dieu

En ce qui a trait à la prière, sachez que vos rituels ne peuvent que vous impressionner vous-mêmes. Dieu, en effet, connait votre cœur ; Il sait faire la différence entre votre foi et votre folie. En vérité, c'est seulement une attitude de foi qui peut motiver Dieu à descendre lui-même de ses cieux pour venir fermer la gueule des lions ou pour faire traverser à pieds secs la mer Rouge.

La première épître de Jean nous livre une révélation extraordinaire : « *Nous avons auprès de lui cette assurance, que si nous demandons quelque chose selon sa volonté, il nous écoute. Et si nous savons qu'il nous écoute, quelque chose que nous demandions, nous savons que nous possédons la chose que nous lui avons demandée*[13]. ».

Dieu entend nos prières si et seulement si elles sont en accord avec sa sainte volonté. Savez-vous ce qu'est-ce la volonté de Dieu ? La volonté de Dieu, c'est sa parole et sa parole, c'est sa volonté. Cela veut dire que la prière adressée à Dieu doit être pleinement supportée par sa parole. Maintenant où est la foi dans tout cela ? La foi en Dieu est le fruit de la connaissance de la parole de Dieu. En conclusion, la prière de foi est celle qui trouve son fondement dans la parole de Dieu.

Comment quelqu'un peut-il parler de foi sans avoir la connaissance de la parole de Dieu ? C'est pourquoi le saint apôtre recommande d'ajouter à la foi la connaissance. En conséquence, la foi n'est pas possible en dehors de la connaissance. Celui qui n'est pas dans la foi n'est pas agréable à Dieu. Quand quelqu'un est désagréable à Dieu tout ce qu'il fait l'est aussi, y compris ses prières. Dieu n'entend pas les prières désagréables. La foi est un passage obligé, car sans elle Dieu ne peut et ne pourra absolument rien faire en notre faveur. Dieu est étroitement lié à sa parole.

---

13   1 Jean 5 : 14-15

5) Notre foi nous rend agréables à Dieu.

Sans la foi, il est impossible au croyant d'être agréable à Dieu. À noter que le passage ne dit pas difficile ni même très difficile mais il a clairement stipulé le mot : « *impossible* ». Cela veut dire que seule la vie par la foi nous rend agréables à Dieu. Nous avons vu plus haut que vivre par la foi, c'est vivre selon la volonté de Dieu et que la volonté de Dieu, c'est la parole de Dieu et vice versa. Par conséquent, vivre par la foi, c'est ajuster sa vie aux prescrits de la parole de Dieu. C'est ce que la Bible appelle : « *marcher selon l'Esprit.* »

Celui qui marche selon l'Esprit ne pourra jamais satisfaire les désirs de sa chair. La vie de cette personne sera toujours une offrande agréable et de bonne odeur à Dieu. Celui qui veut être toujours agréable à Dieu devra veiller à ce que ses pensées, ses paroles et ses actions soient toujours conformes aux exigences de la parole de Dieu.

Vivre par la foi, c'est vivre une vie dans la dépendance totale de Dieu où le croyant ne dit ni ne fait rien sans d'abord consulter son Dieu. C'est cette qualité de vie que David pratiquait et qui lui a valu cette réputation d'être « *l'homme selon le cœur de Dieu* ». Aucune de nos actions accomplies, aucun sacrifice consenti en dehors du motif de la foi n'est valable aux yeux de Dieu. L'offrande d'Abel plut au Seigneur seulement parce qu'il était motivé par la foi.

Si en dehors de la foi, il est impossible au croyant de plaire à Dieu, cela démontre combien la foi est importante et nécessaire à chaque croyant désireux de chercher à bien comprendre cet élément spirituel en vue d'une meilleure appropriation et d'une utilisation adéquate. Celui qui ne comprend pas la valeur de la foi, ne croîtra jamais dans sa relation avec Dieu, au contraire il verra sa vie spirituelle se détériorer. Sans la foi, nos cantiques, nos offrandes, nos dons, toutes nos bonnes actions sont vains aux yeux de Dieu.

Résumé du chapitre VI

Si la foi est un investissement duquel on peut tirer d'énormes dividendes, nous devons savoir que nous n'en sommes pas les seuls bénéficiaires. Dieu a également son lot d'intérêts dans la foi. D'ailleurs, il fut le premier à l'avoir expérimentée lors de la création. Ce qui le met en droit de nous proposer le manuel d'utilisation le plus correct et le plus convainquant qu'est sa parole. Comment Dieu perçoit-il cette force ? La démarche entreprise à travers ce sixième chapitre nous fait découvrir que :

1. La foi honore Dieu
Parce que lorsqu'un croyant fait usage de la foi face aux nuages noirs qui obstruent le ciel de sa vie quotidienne, il prouve à Dieu son adhésion à sa parole et sa disposition à risquer gros en garantie de la fidélité de Dieu. Cette attitude agréable du croyant passe par :

a) Une vie de sainteté : qui l'amène à partager la nature de Dieu.

b) Une vie de sacrifice : en ce sens qu'il est amené à s'offrir lui-même à Dieu comme un sacrifice vivant, saint et agréable, ce qui est de sa part une marque de gratitude et une attitude d'allégeance à l'égard de son Dieu.

c) Une vie agréable à Dieu : en ce sens qu'il omet ses mensonges et ses faux-semblants pour s'attacher à Dieu et suivre le chemin qu'il a préalablement tracé pour lui.

d) Une vie d'humilité : qui le porte à chercher Dieu dans la connaissance et la certitude des promesses qu'il lui a faites. (24)

e) Une vie d'influence et de conquête: étant citoyen du royaume de Dieu, il se doit de s'exprimer uniquement en fonction de sa langue spirituelle qu'est la foi et il doit aussi imposer cette langue sur toute la terre où il est appelé à dominer et à conquérir pour le royaume.

f) Une vie d'obéissance : la Bible dit que toutes choses sont possibles. La langue de la foi n'est pas un exercice difficile et n'est pas disposée hors de la portée du croyant. Il suffit qu'il pratique la parole de Dieu et se l'approprie dans tout ce qu'il fait.

g) Une vie de vigilance : le croyant doit veiller sur ses pensées et les mots qui sortent de sa bouche. Car de son cœur sortent les mots qu'il exprime et de sa bouche découle son salut et/ou sa condamnation.

2. *Si nous sommes sûrs de comprendre ce qu'est la foi et comment elle peut nous faciliter la vie, nous ne devons dorénavant prendre des décisions sans avoir d'abord pris le temps de connaître la parole au sujet de nos projets en vue d'y appliquer notre foi plus efficacement. « Jamais sans la foi » doit être notre nouveau slogan, à chaque fois que nous devons faire face à des prises décisionnelles dans notre vie.*

Conseil :
Assurez-vous d'entreprendre des actions seulement après vous être convaincu de savoir et de bien comprendre ce que Dieu dit au sujet de votre projet et ensuite d'y atteler votre foi.

Lectures suggérées :
Exode 14 : 1-24 et Hébreux 11 : 1-40

« Puissiez-vous expérimenter la victoire qui triomphe du monde par votre foi ! »

CHAPITRE VII

CARACTÉRISTIQUES D'UNE ATTITUDE DE FOI

1) Avoir la foi, c'est prendre Dieu au mot

a) La parole de Dieu fait-elle autorité dans votre vie ?

Simon lui répondit: « *Maître, nous avons travaillé toute la nuit sans rien prendre; mais, sur ta parole, je jetterai le filet[1].* »

Demandez-vous : « *Quelle est ma réaction chaque fois que Dieu me demande de faire quelque chose qui pourrait paraître illogique à ma propre sagesse ?* » Ne répondez pas tout de suite, réfléchissez-y à fond et vous parviendrez vous-même à votre propre conclusion. C'est à ce carrefour qu'on reconnaît les hommes et les femmes de foi. La foi, c'est prendre Dieu au mot. Dieu l'a dit ! Alors c'est ratifié, finie toute tergiversation. Sans cette attitude, on risque de ne plus voir la matérialisation de la puissance de Dieu dans notre vie. Imaginez que Noé n'eût pas pris Dieu au mot pour faire ce qu'il n'avait même pas compris. Lui et les siens auraient été emportés par le déluge avec le reste des habitants de la terre.

> *La foi, c'est prendre Dieu au mot.*

b) À l'exemple des patriarches.

L'épître aux Hébreux nous dit que Noé était averti des choses qu'on ne voyait pas encore et qu'il n'avait pas compris, mais par respect pour ce Dieu qui tient toujours parole, il a promptement obéi. Il y a aussi un témoignage similaire dans l'histoire de la vie d'Isaac. Dans Genèse 26, il est dit qu'il y eut une famine dans le pays de Canaan et Dieu intervint pour dire à Isaac de ne pas descendre en Égypte comme son père fit avant lui. Il prit Dieu au mot et resta à Guérar, au pays des

---

1   Luc 5: 5

Philistins. Ayant eu foi en les promesses de Dieu, Isaac fit des semailles dans le pays en pleine sécheresse et Dieu le bénit au centuple. Il devint si prospère que cela excitât la jalousie des gens du milieu. La foi réclame de celui qui l'exerce une obéissance aveugle à Dieu.

c) Avoir la foi, c'est agir naïvement

Il pourrait arriver que Dieu confonde une personne dans son propre domaine de compétences, c'est-à-dire que Dieu pourrait demander à quelqu'un de faire quelque chose qui soit stupide à la pratique de sa discipline. Considérons la pêche miraculeuse de Pierre. Ce dernier, étant donné sa compétence et ses expériences dans le domaine de la pêche, aurait pu s'opposer à Christ lorsque celui-ci lui avait demandé de jeter à nouveau le filet.

La Bible dit que ce matin-là Jésus arriva de « *on ne sait d'où* », sollicita à Pierre sa barque, non pour pêcher mais pour prêcher. Après avoir fini, il demanda à Pierre d'aller au fond du lac pour jeter à nouveau le filet qui n'avait rien pris toute la nuit. Mais Jésus n'était pas pêcheur, il était un enseignant et un charpentier. Il n'était pas une autorité dans le domaine de la pêche.

De plus, tout ce que Jésus demandait à Pierre de faire était contraire à la pratique du métier. D'un côté, la pêche au filet ne se fait pas en pleine eau ; d'un autre côté, le meilleur moment pour cette pêche n'était pas pendant le jour mais la nuit. Pierre n'avait pas pris au sérieux ce que le Maître lui disait. Parce que, en tant que pêcheur expérimenté, il savait pertinemment que cela ne marcherait pas.

d) Et si nous choisissions d'être « stupides » ?

Dans la version Louis Segond de l'Évangile de Luc, au quatrième verset du chapitre cinq, Jésus a demandé à Pierre de jeter ses filets, c'est-à-dire tous les filets disponibles. Mais Pierre argumentait lamentablement au verset 5 : « *Nous avons travaillé toute la nuit sans rien prendre, mais sur ta parole je jetterai le filet[2].* »

Mais pourquoi le filet, Pierre ? Le Maître a pourtant dit de jeter tous les filets. Pierre était si sûr que cela ne marcherait pas qu'il ne jeta qu'un seul filet juste pour

---

2   Luc 5: 5

convaincre le Maître que la science de la pêche est son expertise, et pas celle d'un enseignant ni d'un charpentier. Les versets 8 et 9 soutiennent ce point de vue. Si Pierre avait totalement foi en ce que Jésus lui disait, il n'aurait pas été surpris par cette extraordinaire prise. Pierre était renversé par cette situation car la sagesse universelle du royaume était venue confondre toute sa grande compétence, toutes les notions qu'il maîtrisait de cette science.

Pierre avait pris Dieu au mot malgré lui, et c'est beaucoup mieux que l'incrédulité. Souvent la foi exige qu'on soit stupide aux yeux des autres et même à ses propres yeux, si l'on veut voir la Toute-Puissance de Dieu se manifester au grand jour.

> *La foi est une folie aux yeux du commun des mortels*

2) Toujours réfuter les mensonges de l'ennemi

a) Abstenez-vous de vous exprimer dans le doute.

« ...Mais qu'il la demande avec foi, sans douter; car celui qui doute est semblable au flot de la mer, agité par le vent et poussé de côté et d'autre ... »

D'où viennent les doutes ? Les doutes naissent quand le croyant adopte cette mauvaise habitude de comparer la vérité bénie de Dieu aux circonstances qui l'entourent. Souvent les circonstances sont beaucoup plus prédominantes que la vérité. C'est pourquoi la parole de Dieu dit : « *Nous marchons par la foi et non par la vue*[3]. »

Autrement dit, les circonstances atténuantes de la vie ne nous impressionnent pas et nous n'accordons pas trop d'importance aux sentiments que nous pouvons éprouver au regard d'elles. Parce que c'est à travers les sentiments exprimés que l'ennemi se forgera une brèche pour nous atteindre. L'ennemi peut utiliser tout ce qu'il trouve comme moyens pour convaincre quelqu'un de ses mensonges. Il peut même arriver à se servir de la personne elle-même. C'est pourquoi l'apôtre Jean

---

3   2 Corinthiens 5 : 7

nous rassure en ces termes : « *Même notre cœur ne peut nous condamner. Si notre cœur nous condamne Dieu est plus grand que notre cœur[4].* »

> *Même notre cœur ne peut nous condamner.*
> *Si notre cœur nous condamne*
> *Dieu est plus grand que notre cœur.*

b) Utilisez votre connaissance de la parole de Dieu contre vos doutes.

Sans la connaissance de la parole de Dieu, personne ne peut être en mesure de repousser les attaques de l'ennemi. Il faut donc au croyant une conviction ferme dans la vérité de la parole de Dieu. Aussi logique qu'une idée puisse paraître, si elle ne cadre pas avec la vérité scripturaire, c'est un mensonge de l'enfer et elle doit être traitée en tant que tel. L'ennemi peut vous faire comprendre que vous n'êtes pas qualifiés pour ce que vous attendez de Dieu. Quand l'ennemi vous ment sur votre appartenance au royaume de Dieu, vous devez être en mesure de prouver que vous êtes enfant de Dieu au même titre que Jésus-Christ. Si l'ennemi veut vous faire croire que vous n'avez pas droit à la richesse de ce monde.

Demandez-lui : « *Quel est l'enfant légitime qui n'hérite pas de son père ?* » Il peut essayer de vous convaincre qu'il est impossible de mener une vie de sainteté. Soyez assez hardi de lui faire comprendre que Jésus s'était fait pour vous justice et sanctification. Lorsqu'il vous affirme que la maladie fait partie de votre état normal. Dites-lui que grâce aux meurtrissures de Christ la maladie n'a absolument aucun droit sur votre corps. Parfois il cherchera à vous forcer d'accepter vos échecs comme un héritage légué par vos parents. Faites-lui comprendre que pour ceux qui sont en Christ, il n'y a maintenant aucune condamnation.

Quand il vous dit que vous ne pouvez pas atteindre l'excellence intellectuelle. Sachez lui répondre que vous pouvez absolument tout par le Christ qui vous fortifie. Il peut aussi injecter dans votre pensée que vous ne pourrez pas avoir un ministère à la dimension de vos rêves. Répondez-lui que celui qui vous a appelé à son service est fidèle et c'est bien lui qui se chargera de la concrétisation de son

---

4   1 Jean 3 : 20

plan. Dites-lui : « *Je ne suis qu'un simple instrument entre ses mains. De plus, il choisit les choses faibles du monde pour confondre les forts et les choses villes du monde pour confondre les sages.* »

Je suis hautement qualifié pour son service. Il peut vous dire : « *Comment osez-vous prétendre avoir l'excellence matérielle ? Qui dans votre lignée l'avait fait avant vous ?* » Alors, vous lui faites cette réplique : « *De la boue Dieu tire le pauvre, du fumier Il relève l'indigent pour les faire asseoir avec les grands de son royaume*[5]. » Sachez que toutes les idées ou pensées négatives que vous avez sur vous-mêmes et sur les autres viennent du cœur de l'enfer. Il faut opposer à ces éléments infernaux une résistance musclée avec l'arme offensive de la parole de Dieu. Leur objectif est celui d'empoisonner votre vie pour que votre foi n'arrive jamais à maturité.

« *Résistez-lui avec une foi ferme et il fuira loin de vous*[6]. »

> **L'arme la plus redoutable dont un croyant puisse disposer pour vaincre le doute est sa connaissance de la parole de Dieu.**

3) Parler sa foi

La Bible dit : « *Et, comme nous avons le même esprit de foi qui est exprimé dans cette parole de l'Écriture: J'ai cru, c'est pourquoi j'ai parlé ! Nous aussi nous croyons, et c'est pour cela que nous parlons.*[7] »

La foi est un élément radical, elle ne peut rester cachée. « *Une conviction cachée sera toujours trahie par la bouche.* » La raison est simple : ce qu'on croit profondément sera toujours exprimé dans la bouche. Il n'y a absolument rien de mauvais à déclarer ce que l'on croit. La femme enceinte doit-elle avoir honte de parler de l'arrivée prochaine de son bébé ? Il en est de même de la foi. Si quelqu'un a peur de parler de ses attentes, il n'est pas encore dans la foi. Paul affirme : « *Nous*

---

5   1 Samuel 2: 8
6   1 Pierre 5:9
7   2 Corinthiens 4 : 13

aussi nous croyons, c'est pour cela que nous parlons. »

Dans les prières en général, c'est l'objet de sa foi que le croyant doit exprimer devant Dieu et non de vaines paroles parce que Dieu n'entend et n'exauce que la foi. Dans son enseignement sur la foi, Jésus recommande aux disciples d'exprimer leur foi par leur bouche : « *Si quelqu'un dit à cette montagne, ôte-toi de là et jette-toi à la mer et s'il ne doute point en son cœur, mais croit que ce qu'il dit arrive, il le verra s'accomplir.*[8] »

Cette méthode consiste à parler directement à l'élément en question. Quand on sait déjà la volonté de Dieu pour sa situation, par la foi on peut s'adresser directement à la situation pour lui ordonner de se conformer à la volonté de Dieu. C'est bien cette méthode que Jésus a appliquée dans son ministère de miracles. Il a opéré comme Dieu. « *Il dit et la chose arrive, il ordonne et elle existe.*[9] »

4) Pourquoi est-il nécessaire de proclamer sa foi ?

Le dix-septième verset du dixième chapitre de l'épître aux Romains déclare que la foi en Dieu doit découler inévitablement de la parole de Dieu. Quand le croyant proclame sa foi, ce ne sont pas des paroles en l'air, ce n'est non plus l'expression de ses émotions mais de préférence la volonté éternelle de Dieu qu'il oppose à l'arrogance de la réalité menteuse. Dieu dit dans le livre d'Ésaïe que ses paroles ne resteront jamais sans effet. En proclamant la parole de Dieu face aux situations, la bouche de celui qui parle devient la bouche de Dieu.

Quand quelqu'un proclame sa foi, il devient automatiquement un prophète de Dieu ; c'est-à-dire une personne qui parle à la place de Dieu. Et Dieu ne manquera pas de mettre sa Toute-Puissance en action pour exécuter sa volonté :

« *Comme la pluie et la neige descendent des cieux, et n'y retournent pas sans avoir arrosé, fécondé la terre, et fait germer les plantes, sans avoir donné de la semence au semeur et du pain à celui qui mange, ainsi en est-il de ma parole, qui sort de ma bouche: elle ne retourne point à moi sans effet, sans avoir exécuté ma volonté et*

---

8   Marc 11: 23
9   Psaume 33: 9

accompli mes desseins.[10] »

a) Quel rapport existe-t-il entre la branche d'amandier et le verbe veiller ?

La Bible dit : « *La parole de l'Éternel me fut adressée, en ces mots: Que vois-tu, Jérémie ? Je répondis: Je vois une branche d'amandier. Et l'Éternel me dit: " Tu as bien vu; car je veille sur ma parole, pour l'exécuter."*[11] »

a) Changez votre nom : ayez une autre perception de vous-mêmes.

Dans la langue hébraïque, le « *verbe veiller* » et la « *branche d'amandier* » sont deux mots qui se prononcent de la même manière. Il faut souligner que ce sont ses paroles que Dieu tient à exécuter et non pas les émotions et les sentiments des hommes. Pour cette raison, on doit s'assurer que les paroles de notre bouche correspondent parfaitement à la parole de Dieu. La confession est si importante qu'il arrive, parfois, que Dieu change le nom d'une personne pour lui donner un autre qui soit en rapport avec ce qu'il veut réaliser dans sa vie.

Cela est arrivé à Abraham. Son premier nom qui fut Abram, c'est-à-dire père d'une nation, devint Abraham, c'est-à-dire père d'une multitude de nations en relation avec la promesse qui lui avait été faite.

Son nom était une prophétie sur sa vie. Une prophétie qui a rapport avec ce que Dieu projette d'accomplir dans la vie de son serviteur.

Cette expérience fut répétée dans la vie du petit-fils d'Abraham. Dès le sein maternel il était déjà l'élu de Dieu, cependant il a reçu un nom qui le dédie à l'échec. Le nom de Jacob veut dire : « voleur, trompeur, traitre et déloyal. » Jacob fut d'une notoriété à nulle autre pareille dans ces domaines. Ces faiblesses l'empêchaient d'accomplir sa destinée. Dieu dut changer son cœur et son nom.

b) Votre nom est une prophétie prononcée sur vous.

Pourquoi Dieu a-t-il changé le cœur et le nom de Jacob ? Suivant la signification de son nom, chaque fois que ses femmes, ses enfants, ses serviteurs ou ses

---

10   Ésaïe 55: 10-11
11   Jérémie 1: 11-12

concitoyens l'appelèrent c'est une confession qu'ils firent sur sa vie. Après avoir changé son cœur, Dieu ne peut pas le laisser avec un nom qui porte la malédiction, sinon on continuerait à prononcer la mauvaise confession sur sa vie.

Dans ces conditions, il y a risque qu'il succombe à nouveau dans ses vieilles habitudes. Mais avec le changement de nom vient la cessation de la proclamation de cette malédiction que comportait son premier nom. Dieu lui donna un nouveau nom dont le sens correspond parfaitement à sa destinée. Dieu l'appela Israël (lutteur, combattant, conquérant, guerrier) autrement dit celui qui, luttant avec Dieu, a été reconnu vainqueur.

Dans d'autres cas, Dieu a pris les devants. Il indique aux parents le nom qu'ils doivent donner à leurs enfants suivant son plan pour la vie de ces derniers. C'était le cas d'Isaac, de Jean Baptiste, de Jésus, entre autres. Connaissez-vous le sens de votre nom ou êtes-vous bien imbu de la signification des noms que vous avez donnés à vos enfants ? Connaissez-vous la prophétie qui est attachée à votre nom ou à ceux que vous donnez à vos enfants ?

En prononçant le nom ou en appelant une personne, c'est une proclamation, une prophétie qu'on déclare sur sa vie, et cette prophétie n'est autre que la signification du nom de la personne. Quand on parle sa foi, on en fait en même temps la démonstration. L'une des manières qu'on peut démontrer sa foi, c'est en déclarant avec conviction ce que l'on croit. Parler ou déclarer sa foi est une obligation pour le juste. Le juste vit par la foi.

6) Entreprendre des actions appropriées

L'apôtre Jacques, dans son livre, parle de l'importance de joindre ses actions à sa foi. Il va jusqu'à dire que la foi sans les actions correspondantes n'est pas la foi. Dire qu'on croit en Dieu est la chose la plus facile qui soit, mais c'est au pied de la montagne de l'obéissance que les vrais croyants se font identifier. Sans les actions correspondantes, la foi n'est qu'une illusion. « *Or la foi est une ferme assurance des choses qu'on espère, une démonstration de celles qu'on ne voit pas.*[12] »

---

12   Hébreux 11: 1

7) Une démonstration de celle qu'on ne voit pas

a) L'espérance renvoie au futur, la foi au passé.

Dans le mot démonstration, on peut trouver le verbe démontrer. D'après le Petit Robert, ce verbe signifie établir la vérité d'une manière évidente et rigoureuse. Cette démonstration exige des arguments convaincants ou des preuves indiscutables. Comment peut-on démontrer quelque chose dont on n'est pas encore en possession ? Il faut comprendre que la foi n'est pas seulement le fait d'espérer, bien que l'espérance fasse partie de la foi, mais celle-ci dépasse nettement celle-là. L'espérance est toujours au futur tandis que la foi, elle est toujours au passé. L'espérance dit : « *J'aurai* » mais la foi dit : « *j'ai* » ou « *j'ai eu* ». L'espérance peut encore dire : « *je serai guéri* » mais la foi dira : « *j'ai été guéri* ».

La démonstration de la foi consiste à avoir un comportement ou une attitude qui montre que la chose espérée est déjà là ou qu'elle est en train de se matérialiser. Mais ce qu'il faut comprendre, c'est que la chose espérée est déjà disponible effectivement dans le monde spirituel pour celui qui l'espère. Ce n'est pas au moment où vous avez prié pour la chose que Dieu va se débrouiller pour vous la créer. Que ce soit un besoin matériel ou immatériel, cette chose vous attendait déjà dans le monde spirituel. D'où l'importance de l'imagination dans le domaine de la foi. Il faut que le croyant soit capable de voir, dans son imagination, la chose espérée. En contemplant cette chose dans sa pensée, il lui sera plus facile d'en parler et même d'agir comme si elle s'était déjà matérialisée.

b) La foi n'est pas une tentative, elle est une certitude.

La foi exige aussi des actions littérales et même radicales, car elle n'est pas un jeu de hasard. Dieu est fidèle, de plus il est omniscient, omnipotent et omniprésent. Il est toujours en contrôle, il n'est jamais en retard. En tout temps, on peut toujours compter sur lui. À travers la Bible, nous constatons que tous les héros de la foi ont fait des actions qui correspondent à leurs objets de foi.

Ainsi, Noé procéda à la construction de l'arche parce qu'il avait cru à ce que Dieu lui avait dit au sujet de la venue du déluge qui allait détruire la terre. Parce qu'il avait cru à la promesse de Dieu, Abraham quitta son pays pour aller dans une région qu'il ne connaissait pas. Toujours par la foi, sa femme et lui ont continué à avoir des relations sexuelles en dépit de leur âge très avancé, car Dieu lui avait promis une descendance par l'entremise de sa femme.

Par la foi encore il offrit en sacrifice à Dieu l'enfant de la promesse, parce qu'il croyait que Dieu avait la capacité de le faire revenir de la mort : « *C'est par la foi qu'Abraham offrit Isaac, lorsqu'il fut mis à l'épreuve, et qu'il offrit son fils unique, lui qui avait reçu les promesses, et à qui il avait été dit : "En Isaac sera nommée pour toi un postérité"! Il pensait que Dieu est puissant, même pour ressusciter les morts, aussi le recouvrera-t-il par une sorte de résurrection."*[13] »

c) Si vous avez la certitude qu'il va pleuvoir aujourd'hui, pourquoi ne pas prendre votre parapluie en sortant ?

Étant convaincu que Dieu ne manquera pas d'accomplir sa promesse de donner le pays de Canaan à ses descendants, Jacob mourant en Égypte, fit le partage du territoire à ses fils. Par la foi, il ordonna à ses fils de ne pas l'inhumer au pays d'Égypte, mais au pays de la promesse auprès de ses pères, dans la caverne de Macpéla au pays de Canaan. Il est bizarre de voir certaines personnes prétendre croire en Dieu alors qu'en même temps elles trouvent pénible de renoncer à leurs péchés. Moïse était déjà pressenti pour devenir Pharaon, mais par la foi il refusa toute la gloire et l'opulence de ce royaume terrestre pour choisir la Croix de Christ :

« *C'est par la foi que Moïse, devenu grand, refusa d'être appelé fils de la fille de Pharaon, aimant mieux être maltraité avec le peuple de Dieu que d'avoir pour un temps la jouissance du péché, regardant l'opprobre de Christ comme une richesse plus grande que les trésors de l'Égypte, car il avait les yeux fixés sur la rémunération.*[14] »

8) Les actions inspirées par la foi peuvent vous faire passer pour ridicules

Généralement les actions que la foi réclame sont stupides aux yeux du monde, mais il y en a qui dépassent la limite de la stupidité pour les incroyants. Comment comprenez-vous la stratégie du général Josué dans la conquête de Jéricho. Qu'y a-t-il de plus ridicule ? Peut-être que les guerriers de Jéricho après avoir observé les

---

13 Hébreux 11 : 17
14 Hébreux 11 : 24

Hébreux, se sont dit: « *nous pensions qu'ils étaient plus sérieux* ». Êtes-vous prêts à être ridiculisés à cause de votre foi ? La foi a en horreur la sagesse humaine.

Celui qui veut marcher sur le chemin de la foi doit accepter d'être fou aux yeux du monde comme Jérémie l'avait été pour ses contemporains et comme Paul l'avait été pour le roi Agrippa. Beaucoup de personnes attendent de grandes délivrances financières entre autres choses de la part de Dieu. Cependant elles estiment n'avoir rien à donner ni à Dieu ni aux hommes. Mais qu'est-ce que Dieu va multiplier en leur faveur ?

Sachez ceci : tout ce que vous aimeriez voir arriver avec abondance dans votre vie, vous devez nécessairement le semer vous-mêmes dans le royaume de Dieu ou dans la vie de quelqu'un d'autre. C'est la fameuse loi « *de la semence et de la récolte* ».

Si la veuve de Sarepta avait refusé de donner au prophète Élie son premier pâté, que lui serait-il arrivé ? Dieu aurait trouvé certainement un autre moyen de nourrir son prophète, mais elle et son fils auraient été bel et bien morts avant la fin de cette famine qui sévissait dans le pays. Combien de bénédictions avez-vous ratées à cause de votre avidité ou de votre nonchalance ? Quand vous donnez à Dieu ou à quelqu'un, particulièrement à ceux du royaume, c'est à vous que revient l'avantage. Ce n'est pas Paul qui a dit : qu'il y a plus de bénédictions à donner qu'à recevoir.

9) Avez-vous peur de mettre le diable en défi ?

Certains chrétiens vivent dans une certaine compromission avec le diable. Ils oublient que Satan est leur ennemi éternel. Dieu dans sa parole, ne nous a jamais appris à négocier avec le diable. Au contraire, Christ nous apprend à le traiter pour ce qu'il est, c'est-à-dire notre ennemi.

Au Mont Carmel, le prophète Élie reproche aux Israélites leur attitude compromettante vis-à-vis de Baal. Il leur exhorta à la radicalité spirituelle. Ils doivent choisir entre Dieu et Baal. Pour ce faire, le prophète proposa aux devins de ce faux dieu une confrontation. Ceux-ci préparèrent leur autel avec leur sacrifice dessus et le serviteur de l'Éternel en fit autant. Les magiciens de Baal étaient au nombre de quatre cents contre un seul, Élie, serviteur du Dieu vivant. Ce dernier leur lance un défi en établissant la règle suivante : «Le Dieu qui répondrait par le feu serait le seul reconnu pour vrai.» Les quatre cents ensorceleurs de Baal ont passé toute la journée à invoquer vainement leur dieu. Pas de feu, pas de réponse.

Alors Élie restaura l'autel de l'Éternel qui avait été abandonné par les Israélites et arrangea son sacrifice dessus. Il creusa un fossé autour de l'autel, y versa de l'eau sur le sacrifice au point que celui-ci, les bois, les pierres étaient complètement trempés quand l'eau descendit dans le canal autour de l'autel. Élie invoqua l'Éternel. Après avoir prié, le feu descendit et consuma la viande, les bois, les pierres et vaporisa l'eau qui était dans le fossé. Et le peuple s'écria : « *C'est l'Éternel, le Dieu du prophète Élie qui est Dieu.* »

Pourquoi accepter de marcher la tête inclinée devant l'ennemi alors que vous avez toutes les promesses de Dieu entre vos mains ? N'ayez pas peur de défier Satan. Comme le prophète Élie face aux charlatans de Baal, comme David face à Goliath, comme le Christ face à serpent ancien dans le désert et à la croix, vous constaterez par vous-même que Dieu est le même hier, aujourd'hui et éternellement.

10) Être patient dans l'adversité

a) La patience est une caractéristique de la foi consistante

La Bible dit : « *Étant donc justifiés par la foi, nous avons la paix avec Dieu par notre Seigneur Jésus Christ, à qui nous devons d'avoir eu par la foi accès à cette grâce, dans laquelle nous demeurons fermes, et nous nous glorifions dans l'espérance de la gloire de Dieu. Bien plus, nous nous glorifions même des afflictions, sachant que l'affliction produit la persévérance, la persévérance la victoire dans l'épreuve, et cette victoire l'espérance.*[15] »

La patience est cette vertu qui consiste à supporter les choses désagréables de la vie. C'est cette qualité qui fait qu'on ne cède pas au découragement. La Bible fourmille d'exhortations relatives à la culture de cette vertu essentielle qui favorise la matérialisation de la foi. Le manque de patience est l'une des causes principales

---

15   Romains 5: 1-4

du naufrage de la foi. Les adversités viennent pour tester la dimension de nos convictions. Si l'on est sérieux, on va tenir jusqu'à la victoire.

En tant que tentateur, Satan a ce droit exclusif de tester les chrétiens sur tout ce qui sort de leur bouche. Cependant, c'est au chrétien de prouver à lui-même et au tentateur qu'il est sérieux dans ses convictions. La patience sert à vérifier la qualité de la foi du chrétien. La patience est au croyant ce que l'haltère est à l'athlète. De même que cet outil aide le sportif à développer ses muscles de même aussi la patience dans l'adversité permet à la foi du croyant de croitre et de mûrir.

b) La patience est amère mais son fruit est doux

Les chrétiens ayant la « *foi à la fast food*[16] » ne pourront pas réaliser de grands exploits avec Dieu. Les grands hommes de foi illustrés dans la Bible connaissaient l'efficacité de la patience. Abraham avait attendu vingt-cinq ans pour voir la matérialisation de sa foi en Dieu qui lui avait fait une promesse. Jacob attendit vingt ans au pays de Padan-Aram avant de retourner à sa terre natale comme Dieu le lui avait promis.

De même, ses descendants passèrent quatre cent trente ans au pays d'Égypte avant d'entrer en possession du pays de Canaan. Cela ne veut pas dire dans tous les cas que Dieu va attendre aussi longtemps avant d'honorer une promesse. Cependant on ne doit jamais se décourager ou abandonner quand l'objet de sa foi tarde à se concrétiser. Souvent la foi peut nous demander d'attendre le temps de parfaire l'accomplissement. Fréquemment, c'est un retard dû à notre manque de préparation ou à notre manque de maturité. Ce qui est important, c'est que Dieu ne manque jamais à sa parole.

c) La Bible nous exhorte à la patience

L'impatience est un poison mortel pour la foi, elle porte toujours le croyant à douter et à poser des actes qui n'ont rien à voir avec la volonté de Dieu. C'est pourquoi l'impatience des Israélites d'attendre le retour de Moïse qui s'entretenait

---

16   La « foi à la fast food » : une sorte de foi qui prétend pouvoir tout obtenir en une fraction de seconde. Une foi vacillante et inconsistante, qui est toujours prête à justifier ses échecs, et qui a toujours un plan « b » pour se créer ses propres moyens de réalisations à sa propre manière.

avec Dieu sur la montagne, leur fit succomber à l'idolâtrie.

L'impatience de Sara à attendre le temps que Dieu avait fixé pour l'arrivée d'Isaac donna naissance à Ismaël. L'impatience de Rebecca de laisser Dieu procéder par lui-même au transfert de la promesse d'Ésaü à Jacob a généré bien des tourments à ce dernier. L'impatience du roi Saül à attendre l'arrivée du prophète Samuel le porta à mettre le comble à sa désobéissance, ce qui provoqua le rejet de sa royauté par Dieu. L'impatience est une arme très puissante dont se sert l'ennemi pour faire avorter la foi des croyants. C'est la raison pour laquelle la parole de Dieu nous exhorte incessamment à la patience:

« *Mieux vaut la fin d'une chose que son commencement; mieux vaut un esprit patient qu'un esprit hautain.*[17] »

« *Par votre persévérance vous sauverez vos âmes*[18]. »

« *Réjouissez-vous en espérance. Soyez patients dans l'affliction. Persévérez dans la prière*[19]. »

« *Dis que les vieillards doivent être sobres, honnêtes, modérés, sains dans la foi, dans la charité, dans la patience*[20]. »

« *Car vous avez besoin de persévérance, afin qu'après avoir accompli la Volonté de Dieu, vous obteniez ce qui vous est promis*[21]. »

« *Mais il faut que la patience accomplisse parfaitement son œuvre afin que vous soyez parfaits et accomplis, sans faillir en rien.*[22] »

« *Soyez donc patients, frères jusqu'à l'avènement du Seigneur. Voici, le laboureur*

17	Ecclésiaste 7 : 8
18	Luc 21: 19
19	Romains 12 : 12
20	Tite 2 : 2
21	Hébreux 10: 36
22	Jacques 1: 4

attend le précieux fruit de la terre, prenant patience à son égard, jusqu'à ce qu'il ait reçu les pluies de la première et de l'arrière-saison[23]. »

> **Attention !**
> *Il ne faut jamais confondre la patience avec la passivité.*
> *La patience consiste à faire tout ce qu'on a à faire*
> *et laisser à Dieu le soin de faire*
> *ce qui relève de ses responsabilités.*
> *Tandis que le passif, lui, abandonne*
> *tout sur le compte de Dieu.*
> *Il ne fait absolument rien*
> *pour influencer l'évolution des évènements.*

11) Avoir toujours les yeux fixés sur le Dieu de la promesse.

La distraction est une arme dont se sert l'ennemi assez souvent pour faire obstacle à la foi du croyant. On se rappelle cette merveilleuse expérience que Pierre fit avec Jésus lorsqu'il marcha sur la mer à la rencontre du Maître. Pour faire avorter le processus, l'ennemi a utilisé les yeux de Pierre pour ébranler sa foi. Le récit dit : « *Mais Pierre, voyant que le vent était fort, eut peur*[24]. »

Aussi longtemps que les yeux de Pierre restaient fixés sur Jésus il réussissait son expérience, et aurait été connu comme le seul humain à part Jésus à marcher sur les eaux fermement. Une fois qu'il a détourné son regard de Jésus pour le fixer vers la mer (*les obstacles*), son sens logique entra en action et sa foi devint automatiquement inefficace. Sachez que l'ennemi n'a pas changé de méthode. Aujourd'hui encore, il veut utiliser nos cinq sens pour faire obstacle à notre foi.

La foi, c'est accepter pour vrai ce que la parole de Dieu stipule vous concernant et que vos sens ne peuvent pas prouver. D'ailleurs, s'il était possible de tout comprendre ou tout prouver par les sens, la foi serait inutile et vaine. Le croyant

---

23   Jacques 5 : 7
24   Matthieu 14 : 30

se trouve dans l'obligation de se discipliner pour que les agitations de son environnement ne viennent pas troubler sa foi.

Le prophète Jérémie a dit : « *Le bruit qui vient des collines et des montagnes n'est que mensonge*[25]. » Seule la parole de Dieu est tenue pour vraie et c'est elle que j'ai choisie de croire. Telle devrait être la position du croyant. Pour éviter les avortements de foi, le croyant doit toujours avoir les yeux de son entendement fixés sur le Dieu de la promesse qui est le chef et le consommateur de notre foi.

---

25   Jérémie 3 : 23

Résumé du chapitre VII

Au regard de l'indispensabilité de la foi, nous avons jugé bon d'élaborer ce septième chapitre traitant de ses caractéristiques, avec pour objectif de vous indiquer les comportements susceptibles de développer les vraies attitudes convenables en rapport avec elle. Celles-ci sont :

1. Prenez Dieu au mot, *c'est-à-dire qu'en connaissance de sa parole, vous êtes tenu de faire tout ce qu'il vous demande sans avoir à douter ni à en faire objection.*

2. Refusez d'ajouter foi aux mensonges de l'ennemi *en vous abstenant de vous exprimer dans le doute et en utilisant votre connaissance de la parole contre les spéculations de l'ennemi.*

3. Ne déclarez votre foi que lorsqu'elle sera devenue une conviction intime.

4. Changez, par vos paroles et vos comportements, *la perception que vous aviez de vous-même.*

5. Entreprenez des actions basées sur votre espérance et votre connaissance de la parole de Dieu.

6. Vos actions peuvent vous faire paraître ridicule. *Mais si elles sont basées sur la connaissance que vous avez de la parole de Dieu, elles sont les plus sages décisions que vous puissiez prendre.*

7. La patience *dont vous faites montre dans votre attente de la manifestation de votre foi est une arme redoutable pour défier votre ennemi.*

Conseil à retenir

Vos actions de foi peuvent vous faire paraître ridicule aux yeux du monde. Cependant, si elles sont basées sur la parole de Dieu, elles sont les meilleures décisions que vous puissiez prendre pour votre vie. N'ayez aucune peur à agir selon la parole de Dieu.

Lectures suggérées :
Genèse 22, 1-19 ; 26, 1-34 et Luc 5, 1-11

« *Puisse votre foi ridicule aux yeux du monde vous ouvrir les demeures de Dieu !* »

CHAPITRE VIII

LA FOLIE DE LA FOI

Tous les éléments contenus dans les chapitres précédents s'accordent à démontrer qu'il existe en essence une très large différence entre la foi et la folie. En d'autres termes, nous ne pouvons plus continuer à entreprendre des actions folles ou basées sur de simples conjectures au nom de la foi. Nous ne pouvons plus également insister à poser les mêmes actions et espérer obtenir des résultats différents. C'est impensable !

Cependant, la foi n'est pas une science logique telle que les mathématiques ou la physique. Lorsque Jésus avait nourri une foule de cinq mille hommes, sans compter femmes et enfants, avec seulement cinq pains et deux petits poissons ou lorsqu'il s'est présenté quatre jours après l'inhumation de Lazare pour le ressusciter. Ce sont, en effet, des démarches inconcevables pour un esprit qui ne se limite qu'à la simple manifestation de la chair.

Lorsque la mer Rouge s'est fendue pour permettre au peuple d'Israël de traverser à pieds secs, cela aussi est un fait qu'aucun savant, qui ne soit d'abord un cuistre, ne peut expliquer en dehors de la puissance de la foi. À part le prophète Élie et son successeur Élisée qui eux aussi avaient traversé, par la foi, une rivière à pieds secs, plus jamais on n'a entendu dire d'un fleuve qu'il s'est séparé ou du Nil qu'il a cessé d'affluer parce que seulement une voix de foi le leur avait commandé.

Nous parlerons de la « *folie de la foi* » ; une folie qui ne ressemble en rien à celle du monde, une folie qui est très loin d'être la démagogie que ceux du dehors prétendent qualifier de « *réaction de fuite devant le réel* ». Qu'est-ce qui est réel ou qu'est-ce que la réalité elle-même ?

La seule vraie réalité, c'est ce que Dieu déclare à notre sujet dans sa parole. Or, il n'existe aucun autre moyen d'adhérer à cette réalité que par notre foi. La foi, c'est donc la science des miracles, qui est en effet une folie pour ceux qui périssent.

D'autant plus, tout ce qui est né de Dieu triomphe du monde, et la victoire qui triomphe du monde, c'est notre foi.

La foi triomphante

La foi est la clé pour ouvrir toutes les portes. C'est aussi la seule langue parlée et comprise dans le royaume de Dieu. Jésus a dit : « *Rien n'est impossible à celui qui croit* ». Connaissez-vous le vrai sens du mot impossible ?

L'impossible, c'est l'inconcevable, l'irréel, l'inimaginable, l'inexistant. Or, la foi peut matérialiser toutes ces choses. N'aimeriez-vous pas arriver à un stade où rien ne vous serait impossible ? Il suffit simplement de vous exercer à la foi. Dans notre train de vie quotidien, nous faisons face à tellement d'oppositions que nous avons l'impression d'être perpétuellement les victimes ou que nous sommes continuellement la proie des circonstances infortunées.

Tandis que la foi nous a été donnée par Dieu afin que nous puissions évoluer dans les mêmes sphères que lui et triompher du monde à l'instar du Christ. C'est pour cela qu'il est clair que la foi ne nous sera d'aucune utilité dans le ciel. Parce que dans le monde de Dieu, il n'y aura plus d'obstacles à surmonter ni d'ennemis à combattre. Il n'y a donc qu'ici-bas, dans cette vie, que nous pourrons démontrer toutes les vertus contenues dans cette force surnaturelle que Dieu nous a donnée.

Malheureusement les méfaits nocifs et paralysants de la religion consistent à nous faire croire le contraire, mais la parole de la vérité nous enseigne clairement que par la foi nous arriverons à transporter des montagnes. C'est pourquoi il est écrit dans l'épître aux Romains : « Aussi la création entière attend avec un ardent désir la révélation des fils de Dieu. » Comment le monde arrivera-t-il à voir cette puissante manifestation de notre potentiel si ce n'est qu'à travers notre foi ?

Le monde entier languit pour nous voir accomplir les exploits qui leur sont humainement impossibles à réaliser, ils s'attendent à voir ce qui ferait une quelconque différence entre ceux qui se disent marcher par la foi et ceux qui ne se contentent que de marcher par la vue. Si croyants et incroyants s'assemblent et s'associent pour se plaindre de la flambée des denrées alimentaires ou pour commenter de la recrudescence de l'insécurité ou de l'étonnante dégénérescence de notre nation, comment en effet, arriverons-nous à montrer une différence ou une évidence de notre foi productrice ?

Voilà tout ce qui explique l'indifférence marquée de beaucoup d'incroyants à l'égard de notre Évangile et de la vie chrétienne. Parce qu'ils semblent attendre une différence inexistante, ils sont déçus. Nous avons besoin de prouver une foi qui est capable de produire des résultats, et non une foi qui peut seulement nous amener au ciel sans pour autant être en mesure de résoudre nos problèmes immédiats. Nous avons besoin de montrer que notre foi peut effectivement matérialiser nos désirs conformément aux vœux de Dieu de nous voir vivre victorieux, triomphateurs et prospères à tous égards.

Porteurs de la gloire de Dieu

La Bible dit : « *Si tu crois tu verras la gloire de Dieu* ». C'est quoi, la gloire de Dieu ? Comment parvient-on à la voir ? La gloire de Dieu, c'est Dieu dans toutes ses dimensions, dans toutes ses grâces, dans toute sa largesse, dans toute sa beauté. Voir la gloire de Dieu, c'est participer à son opulence et partager sa nature. C'est le fait de recevoir de lui infiniment au-delà de tout ce que nous pouvons demander ou penser, le fait de l'expérimenter à tous les points de vue et à profusion.

Or, Jésus a dit que personne ne peut voir cette gloire à moins d'avoir la foi. Sans la foi, il est évident qu'il n'y aura pas de manifestation de la gloire de Dieu, et donc pas d'émerveillement pour le monde. Les chrétiens qui étaient censés donner une démonstration de leur filiation divine sont passés outre de cette raison d'être. C'est pourquoi, en dehors de la foi nous ne pouvons demeurer que de simples chrétiens-vauriens et de vils égoïstes. Non seulement nous ne servons plus à promouvoir les vertus divines qui sont en nous mais également nous ne donnons aucune chance aux autres de voir la manifestation de la puissance de Dieu en nous. Nous ne contribuons plus à donner d'exemples convaincants d'une vie convenablement vécue et n'attirons, par conséquent, aucun de ceux qui marchent dans les ténèbres vers la lumière du salut de Dieu.

Ce sont les types de chrétiens qui exercent une « *foi chétive* », capable de seulement les amener au ciel sans croire que cette même foi peut les libérer des jougs de la servitude, de l'ignorance, des limitations et de la pauvreté.

De plus, celui qui ne peut pas avoir la foi pour dominer présentement les obstacles du monde aura des difficultés à avoir la foi pour aller au ciel, à moins de se référer directement à la mort physique qui est une étape inévitable de la vie et au sujet de laquelle la foi n'est même pas nécessaire.

La Bible précise que c'est par la grâce que nous sommes sauvés au moyen de la foi. Conséquemment, si nous ne pouvons pas avoir la foi pour résoudre nos problèmes, guérir nos maladies et satisfaire à nos besoins matériels, je doute fort que nous ayons la foi pour profiter de la rédemption de Dieu manifestée glorieusement en Jésus-Christ. La foi est une et indivisible.

Les attentes des gens du monde concernant le christianisme les portent à ressentir une grande déception. Ils s'attendaient à voir des disciples vivre à la dimension de leur Maître et non des chrétiens nominaux sans aucune puissance. Ils s'attardaient à voir une démonstration à la mesure de ce que nous nous déclarons être et à l'exemple de Christ.

À ce sujet Gandhi s'est écrié : « *J'aurais pu devenir chrétien, n'était-ce les chrétiens.* » Autrement dit, les adeptes du christianisme n'ont montré jusqu'ici que la subtilité de leur déclaration de foi et l'inutilité de choisir à les suivre dans cette voie. Demandez-vous : et si Gandhi avait vu Jésus à l'œuvre, aurait-il fait cette déclaration ? La raison en est que la vie chrétienne est en elle-même une vie de foi en dehors de laquelle aucun miracle n'est possible, aucun bon exemple n'est démontrable.

Avoir la foi, c'est écrire sa propre histoire

Nous façonnons notre vie par la foi. La Bible dit : « *Il vous sera fait selon votre foi* ». Ce chef religieux, Jaïrus, qui suppliait Jésus de venir imposer les mains à sa fille trépassée afin qu'elle puisse revivre, la femme atteinte de perte de sang qui croyait que si seulement elle pouvait toucher le vêtement de Jésus, elle serait complètement remise de sa maladie et mêmes les deux hommes qui s'affolaient à suivre Jésus en s'écriant au fils de David d'avoir pitié de leur aveuglement étaient tous des modèles de foi ayant écrit eux-mêmes leur histoire et ensuite décidé de leur propre chef de la façon dont elles devront s'achever.

La foi peut faire des choses qu'on pourrait à peine imaginer possibles. Elle est la seule force à même de motiver Dieu et le rendre opérationnel en notre faveur. Autrement dit, nous ne devons plus attendre à ce que Dieu fasse un miracle ni quoi que ce soit de semblable. C'est à la mesure et à l'expression de notre foi qu'il incombe la tâche de façonner notre propre miracle, de décider de nous-mêmes quelle sera la fin de notre histoire et d'en tenir sciemment compte.

Tout ce que Dieu devait faire pour assurer notre bien-être, il l'a déjà fait. La création est complète. Il n'y a rien à y ajouter ni à en retrancher. C'est à notre tour d'en prendre par nous-mêmes tout ce dont nous avons besoin. En voyant la femme, Jésus n'avait pas dit : je t'ai guérie ou Dieu a pitié de toi, mais il a dit : « *Ta foi t'a sauvée.*[1] » En d'autres termes, parce que tu as ainsi cru, ainsi il te sera fait. La Bible conclut admirablement pour dire : « *À l'heure même cette femme fut guérie*[2]. »

Avoir la foi, c'est savoir prendre des risques

La foi, comme toute autre bonne chose, a un prix. Une foi qui ne coûte rien ne vaut rien. Cela va sans dire que vivre par la foi, c'est savoir prendre d'énormes risques. Jésus a affirmé que le royaume de Dieu est forcé et que seuls les violents peuvent s'en emparer[3]. Qui sont les violents ? Ne sont-ce pas tous ceux-là qui n'éprouvent aucune crainte de paraître fous aux yeux du monde ?

La femme en perte de sang ne devait pas être en mesure de se retrouver en public, car à l'époque de la civilisation, il était rigoureusement interdit à une femme en perdition de fréquenter des lieux où il y a une certaine affluence de gens. C'était une violation passible de lapidation.

Comment est-elle arrivée à voir Jésus jusqu'à le toucher sachant pertinemment qu'elle encourait le gigantesque risque de subir la peine capitale ?

Elle a certainement tranché entre rester sans tenter de voir Jésus qui est une condamnation à la mort lente, mais rassurée et partir à l'aventure de le voir et le

---

1   Luc 7 : 50
2   Matthieu 9: 22
3   Matthieu 11: 12

toucher qui peut éventuellement la condamner à une mort subite. Ayant égard au lancement de ce compte à rebours, elle a dû choisir, sur la base des informations qu'elle avait entendues de Jésus, que le risque en valait bien la peine.

Notre foi se construit autour des informations que nous recevons de la parole de Dieu. La foi vient de ce qu'on entend, dixit apôtre Paul. (9) Si l'on avait remarqué la présence de cette dame, on serait normalement forcé de la lapider parce que c'était la loi.

La Bible dit que la foi sans les œuvres est une foi morte. Non seulement cette femme avait raisonné en elle-même mais aussi elle avait décidé de poser l'action correspondante. Une foi morte ne peut produire que des déboires.

En ne raisonnant que toucher le Seigneur la guérirait sans poser d'action correspondante, elle aurait elle-même rendu son propre verdict selon lequel elle se condamnerait à la mort sans nous donner la chance d'entendre parler d'elle aujourd'hui. Il en est de même des aveugles qui risquaient de tomber dans un trou en suivant le Seigneur. Ils étaient convaincus de n'avoir besoin que d'une simple attention de sa part, car tout le reste s'ensuivrait de lui-même. Qu'avez-vous risqué jusqu'ici à l'appui de la foi que vous déclarez à tout vent avoir ?

La valeur de votre foi est fonction des risques que vous êtes prêts à courir. De nos jours, nous appliquons une foi à la limite de notre logique avec un plan B au cas où elle ne produirait pas les résultats attendus. Cela explique pourquoi nous parlons aussi fort sans pour autant être en mesure de montrer une évidence relative à la foi que nous nous disons avoir. Ensuite, nous évoquons ou inventons des raisons qui expliqueraient pourquoi nous n'avons pas obtenu les résultats que nous voulons. Nous devons revoir nos méthodes, car un jour ou l'autre il nous sera demandé ce que nous avions fait de notre vie et de cette force qui a été si généreusement investie en nous.

La folie de la foi

La notion de folie qui s'exhale dans l'expérience de la foi est en fait une énergie créatrice extraordinaire. C'est une force à la puissance exponentielle capable de produire d'étonnants résultats. L'évangéliste Marc dirait que c'est une force à déplacer des montagnes. Cette force est en effet une folie parce qu'elle est dépourvue de raisonnement humain. En toute logique, elle est un pur délire. De fait c'est exactement ce qu'elle est. La foi n'est pas une folie parce qu'elle est irraisonnable au sens littéral du terme mais seulement parce que le risque qu'elle exige ne garantit en rien les résultats escomptés.

Vous vous demandez ce qui adviendrait si la mer Rouge ne s'était pas fendue lorsque Moïse avait étendu son bâton. Vous imaginez la honte que Jésus aurait pu endurer si Lazare n'avait pas sorti de son ensevelissement après que le Seigneur l'eût commandé de sortir. Du moins quel aurait été le sort de la femme en perte de sang si elle n'avait pas été promptement guérie suite à toute cette grande violence faite à elle-même et cette violation de la loi ?

Combien de fois nous hésitons entre prendre des risques et garder une position de foi de crainte que nous n'obtenions les résultats que nous voulons vraiment avoir. Compte tenu de la fin heureuse de chacune de ces histoires, demandez-vous : Et si Moïse n'avait pas étendu son bâton ? Et si Jésus avait peur d'ordonner à cette momie de quatre jours de se lever et de sortir de sa sépulture ? Et si finalement, la femme n'avait pas actualisé la folie de sa foi en violant une loi de son pays et ainsi faisant usage d'une grande violence ? Les risques énormes, les décisions osées, les positions périlleuses sont autant de facteurs caractérisant la folie de la foi.

La folie de Dieu et la folie des hommes

Au seizième verset du premier chapitre de l'épître aux Romains, l'apôtre Paul déclare n'avoir point honte de l'Évangile parce que, dit-il, c'est la puissance de Dieu pour le salut de quiconque croit. Pourquoi dit-il n'en avoir pas honte ? Qu'y a-t-il d'infâme dans l'expérience de la foi ? Souvent la foi peut nous exiger des actions tellement illogiques et dépourvues de raison relatives à notre soi-disant « bon sens », qu'elle peut provoquer l'ignominie ou le risque de paraître déficient aux yeux du monde et même à nos propres yeux.

Eu égard à cet aspect absurde de la foi, l'apôtre bien-aimé était en train de se convaincre lui-même à propos de la fidélité de celui qui avait fait la promesse. Cette façon, il s'est dit que même illogique aux yeux charnels, sa foi peut très bien produire les résultats attendus. C'est comme s'il voulait dire : « *Je n'ai point honte de m'exercer à la foi, parce que c'est la puissance de Dieu pour changer les zones arides en cours d'eau.* »

La folie de la foi, c'est la foi dans toute sa pureté et dans toute son essence. La folie de la foi, c'est seulement la foi en pleine démonstration de puissance. C'est une forme de croyance rejetée par votre « *bon sens* ». Une réalité supportée par la parole de Dieu, mais jugée parfois insensée et régurgitée par votre entendement, par votre grossièreté charnelle ou par votre habitude de penser.

Il y a la folie dans le sens littéral du mot et une autre réalité qui ressemble à de la folie, et qui au fait est folie parce que seulement elle est irraisonnable à la logique du monde. La Bible dit : « *Tel donne libéralement devient plus riche, tel autre épargne à l'excès s'appauvrit*[4] ». Selon les axiomes arithmétiques et les théorèmes mathématiques, ce syllogisme est tout à fait dément. Comment un homme arriverait-il à s'enrichir en donnant libéralement et sans arrêt ou s'appauvrir en épargnant excessivement ? Cela est contraire aux lois de l'économie et des finances.

La foi est le renversement de la raison et de l'intelligence. La folie de la foi vous dira de donner généreusement et sans contrainte afin de vous assurer plus tard un trésor inépuisable et la foi du fou lui dira d'épargner excessivement afin d'avoir de quoi pourvoir à ses besoins, si jamais survient une période de disette. Or, c'est cette « *logique déraisonnable* », qui est la foi dans sa vraie nature, c'est-à-dire dans ses exercices de folie, et c'est cette qualité de foi qui plait à Dieu. Selon ce que qu'il est dit dans les Saintes Écritures : Sans cette folie, il est impossible d'être agréable à Dieu.

La folie de la foi et la connaissance

Dans la claire compréhension de cette notion de folie dans le domaine de la foi, vous parviendrez à une entière confiance dans la parole de Dieu. Souvent, au lieu de croire à Dieu, nous choisissons de préférence de rationaliser ou de philosopher avec lui. C'est pour cela aussi qu'il est moins aisé à un homme trop instruit et réaliste qu'à un ignare d'exercer la foi triomphante. Les crédules sont généralement ceux qui prétendent ne rien connaître à part l'exposé qu'on leur fait,

---

4   Proverbes 11 : 24

car leur seul boulot c'est de croire.

Cela n'est plus une surprise de voir les personnes dépourvues de grandes connaissances et d'intellection obtenir plus de résultats dans l'exercice de leur foi que ceux-là qui jouent constamment le grand érudit. Cela est loin d'être une prétention à ne plus encourager la connaissance et la pratique de l'excellence dans le milieu estudiantin, mais c'est une façon de vous mettre en garde quand vous tenterez dans votre égarement de raisonner avec la folie. Ce sera vous-même qui paraîtrez dément et vous vous perdrez par vous-même. Ce n'est pas vainement que Paul disait avoir considéré tout le contenu de sa connaissance comme de la boue afin de revêtir l'humilité et la crédulité. C'est seulement dans notre attitude enfantine et délirante que la foi peut vraiment produire de prodigieux résultats.

Jésus a dit de devenir comme des petits enfants. Les petits enfants ne raisonnent ni ne philosophent, ils croient et c'est le mieux qu'ils puissent faire. La connaissance, pour sa part, tentera de s'interposer entre la foi et celui qui l'exerce pour édicter les critères et indiquer les marges d'action, mais de cette tentative ne peuvent résulter que des déboires et de grandes déceptions.

La foi, dans sa folie, et notre bon sens ne font jamais bon ménage. Tout ce dont nous avons besoin, c'est la sagesse pour utiliser la connaissance en support à notre foi et non l'utiliser pour faire obstacle à ce que Dieu veut accomplir dans notre vie.

La foi est une folie pour ceux qui périssent[5]

« Ce n'est pas pour baptiser que Christ m'a envoyé, c'est pour annoncer l'Évangile, et cela sans la sagesse du langage, afin que la croix de Christ ne soit pas rendue vaine. Car la prédication de la croix est une folie pour ceux qui périssent ; mais pour nous qui sommes sauvés, elle est une puissance de Dieu. » Aussi est-il écrit : « *Je détruirai la sagesse des sages, Et j'anéantirai l'intelligence des intelligents*[6]. »

Où est le sage ? Où est le scribe ? Où est le disputeur de ce siècle ? Dieu n'a-t-il pas convaincu de folie la sagesse du monde ? Puisque le monde, avec sa sagesse, n'a point connu Dieu dans la sagesse de Dieu, il a plu à Dieu de sauver les croyants

---

6   1 Corinthiens 1 : 19

par la folie de la prédication.

Les Juifs demandent des miracles et les Grecs cherchent la sagesse. Nous, nous prêchons Christ crucifié ; scandale pour les Juifs et folie pour les païens, mais puissance de Dieu et sagesse de Dieu pour ceux qui sont appelés, aussi bien Juifs que Grecs. La folie de Dieu est plus sage que les hommes, et la faiblesse de Dieu est plus forte que les hommes. »

1) La foi multiplicatrice

Après cela, Jésus s'en alla de l'autre côté de la mer de Galilée, de Tibériade. Une grande foule le suivait, parce qu'elle voyait les miracles qu'il opérait sur les malades. Jésus monta sur la montagne, et là il s'assit avec ses disciples. Or, la Pâque était proche, la fête des Juifs. Ayant levé les yeux, et voyant qu'une grande foule venait à lui, Jésus dit à Philippe: « *Où achèterons-nous des pains, pour que ces gens aient à manger[7] ?* » Il disait cela pour l'éprouver, car il savait ce qu'il allait faire. Philippe lui répondit : « *Les pains qu'on aurait pour deux cents deniers ne suffiraient pas pour que chacun en reçût un peu* ». Un de ses disciples, André, frère de Simon Pierre, lui dit : « *Il y a ici un jeune garçon qui a cinq pains d'orge et deux poissons ; mais qu'est-ce que cela pour tant de gens ?* » Jésus dit : « *Faites-les asseoir. Il y avait dans ce lieu beaucoup d'herbe. Ils s'assirent donc, au nombre d'environ cinq mille hommes.* » Jésus prit les pains, rendit grâces, et les distribua à ceux qui étaient assis ; il leur donna de même des poissons, autant qu'ils en voulurent. Lorsqu'ils furent rassasiés, il dit à ses disciples : « *Ramassez les morceaux qui restent, afin que rien ne se perde.* » Ils les ramassèrent donc, et ils remplirent douze paniers avec les morceaux qui restèrent des cinq pains d'orge, après que tous eurent mangé. Ces gens, ayant vu le miracle que Jésus avait fait, disaient : *Celui-ci est vraiment le prophète qui doit venir dans le monde. Et Jésus, sachant qu'ils allaient venir l'enlever pour le faire roi, se retira de nouveau sur la montagne, lui seul.* »

a) Il disait cela pour l'éprouver, parce qu'il savait ce qu'il allait faire[8].

---

7   Jean 6 : 1-15
8   Jean 6: 6

Combien de fois Dieu exige de nous des actions qui révèlent de la folie pure et simple aux yeux du monde tandis qu'en lui-même, il a déjà planifié, à travers cette même action « *stupide au point de vue humain* », d'opérer un miracle inouï et faire éclater sa gloire par la même occasion ? Mais quand allons-nous vraiment savoir ce qu'il va faire ? Lorsque seulement nous choisirons de l'obéir en faisant exactement ce qui semble absurde aux opinions charnelles. Tertullien, parlant de la foi, disait dans « *De Carne Christi* » : Je le crois parce que c'est absurde.

Autrement dit, s'il n'y a pas d'illogismes dans nos décisions, il y a lieu de conclure que nous n'agissons aucunement dans le domaine de la foi. C'est pourquoi les chrétiens logiques n'arriveront jamais à « voir la gloire de Dieu », ils ne parviendront jamais au sommet de la vie chrétienne victorieuse, parce que cela n'est possible qu'à travers une foi révélée par des actions absurdes. Les philosophes agissent seulement quand ils ont des faits, quand ils voient et qu'ils peuvent toucher. Ils ont toujours besoin d'explication logique, de raison et de preuve tangible, autrement ils ne croiront point ; et de cette façon, ne verront jamais Dieu à l'œuvre dans leur vie. C'est dans la nature de Dieu de faire usage de choses viles et méprisables pour confondre les grands et les sages de ce monde.

b) « *Philippe lui répondit : "Les pains qu'on aurait pour deux cents deniers ne suffiraient pas pour que chacun en reçût un peu". Un de ses disciples, André, frère de Simon Pierre, lui dit : " Il y a ici un jeune garçon qui a cinq pains d'orge et deux poissons ; mais qu'est-ce que cela pour tant de gens ?*[9] *"* »

Qui sont Philippe et André ? Ce sont les intellectuels, les mathématiciens, les logiciens, les économistes, les philosophes, ceux qui pensent toujours que quelque chose est impossible et qui défient également les autres de croire autrement. Il y a des gens qui ne regardent jamais une chose sans en déduire une impossibilité.

Connaissez-vous cette catégorie de personnes qui prennent l'habitude de penser ou de déclarer qu'elles auront beau travailler toute leur vie sans jamais arriver à

---

9 Jean 6: 7-9

s'offrir une maison luxueuse, une Porsche à des milliers de dollars, ou simplement un costume à mille dollars ? Ces personnes sont de la catégorie de Philippe et d'André qui pensent toujours qu'une chose est irréalisable. Mais n'avaient-ils pas raison selon le gros bon sens ? N'est-ce pas réaliste de se demander comment quelqu'un arriverait-il à partager entre cinq mille hommes, sans dénombrer de femmes et d'enfants, cinq pains et deux poissons ? Vous ne vous imaginez pas tout de même que les pains à cette époque aient été faits à la taille d'un éléphant. Loin de là, ce sont en effet les mêmes pains que les nôtres en termes de dimension et de poids. Vous conviendrez que la gloire de Dieu se manifeste dans la folie de votre foi seulement lorsque vous accepterez de prendre des positions qui vous font paraître idiots et insensés aux yeux des hommes. Vous donnerez alors à Dieu une occasion de prouver une « nième fois » que sa sagesse est nettement supérieure au contenu et à la totalité de la sagesse du monde.

Cependant, vous devez savoir établir la différence entre la folie de la foi, qui est une vertu soutenue par la parole de Dieu et la simple folie qui est une démence humaine littéralement opposée, et en essence antagonique à la sagesse de Dieu et à sa parole. La foi, comme nous le disions tantôt, est folie en essence. Mais c'est une folie capable de sauver celui qui la pratique. Dieu l'a ainsi voulu afin que nous puissions le craindre et reconnaître qu'il est le seul Dieu qui sait et peut faire infiniment au-delà de tout ce que nous pouvons penser ou imaginer.

« *Je ne partagerai point ma gloire à un autre*[10] », a-t-Il martelé dans les prophéties d'Esaïe.

c) Avoir la foi, c'est savoir remercier à l'avance
« *Jésus prit les pains, rendit grâces, et les distribua à ceux qui étaient assis ; il leur donna de même des poissons, autant qu'ils en voulurent*[11]. »

Ceux qui ont la foi sont fous et ceux qui ne l'ont pas sont également stupides. Toutefois, la différence est dans la nuance, c'est-à-dire dans les résultats que chacun d'eux peut respectivement obtenir de leur exercice de folie. N'est-ce pas de la folie

---

10 Esaïe 42 : 8
11 Jean 6: 11

que Jésus prenne cinq pains et deux poissons à l'idée de nourrir à satiété cinq mille hommes ? La Bible dit : « *Jésus prit les pains et il rendit grâce. Nous autres aurions fait différemment que remercier et rendre grâce.*[12] »

D'habitude nous nous plaignons, nous nous apitoyons et nous mettons tout l'accent sur les impossibilités, les incapacités ou les manques. Jésus n'aurait pas réussi à opérer ce miracle s'il avait pensé de la même manière que Philippe et André.

Beaucoup d'entre nous n'arriverons jamais à voir la gloire de Dieu simplement parce que ce à quoi nous nous attendons comme indicateur est souvent trop logique et purement charnel. « *Mes voies sont contraires aux vôtres*[13] », dit l'Éternel.

Dans le processus de notre délivrance matérielle, nous avons généralement recours à des moyens détournés, nous méditons sur des solutions entachées de compromis, de honte et de mauvaise conscience. Nous sommes devenus incapables de voir le bon côté des choses. Notre foi pourra grandir et mieux nous servir si nous apprenons à compter les bienfaits du Seigneur, à lui prêter notre allégeance et nous présenter au-devant de lui avec un cœur reconnaissant et une attitude pleine conjectures.

Ceux qui sont aptes à critiquer et à s'apitoyer sur leur sort ne pourront jamais voir, et par conséquent, expérimenter la gloire de Dieu. Avez-vous peur d'être différent et de paraître fou aux yeux du monde ou voulez-vous paraître sage à leurs yeux et obtenir leur approbation ? Dans les deux cas, vous êtes effectivement stupide. Cependant, vous pourrez être fou en vue de faire éclater la gloire de Dieu ou pour ne désapprouver que votre pseudo-sagesse. Dans les deux cas, il revient à vous seul de trancher.

2) La foi transformatrice

Trois jours plus tard, il y eut des noces à Cana en Galilée. La mère de Jésus

---

12 Jean 6: 11
13 Ésaïe 55 : 8

était là, et Jésus fut aussi invité aux noces avec ses disciples. Le vin ayant manqué, la mère de Jésus lui dit : « *Ils n'ont plus de vin* ». Jésus lui répondit : « *Femme, qu'y a-t-il entre moi et toi ?* » Mon heure n'est pas encore venue. Sa mère dit aux serviteurs : « *Faites ce qu'il vous dira. Or, il y avait là six vases de pierre, destinés aux purifications des Juifs, et contenant chacun deux ou trois mesures.* »

Jésus leur dit : « *Remplissez d'eau ces vases.* » Et ils les remplirent jusqu'au bord. « *Puisez maintenant* », leur dit-il, « *et portez-en à l'ordonnateur du repas*[14] ». Et ils en portèrent. Quand l'ordonnateur du repas eut goûté l'eau changée en vin, ne sachant d'où venait ce vin, tandis que les serviteurs, qui avaient puisé l'eau, le savaient bien, il appela l'époux, et lui dit : « *Tout homme sert d'abord le bon vin, puis le moins bon après qu'on s'est enivré ; toi, tu as gardé le bon vin jusqu'à présent.* »

Jésus, par ce premier miracle, nous enseigne le modèle de foi extraordinaire et la technique qui nous permet de cultiver ce type de foi. La foi ne se construit pas instantanément. Elle se nourrit et devient adulte à mesure que nous l'exerçons. Il y a un temps durant lequel nous devons apprendre à faire progresser notre foi et la rendre mature.

Au cours de cette période, nous devons apprendre à objecter toute parole qui est contraire aux promesses de Dieu. Nous devons repousser toute pensée qui tend à nous faire croire que nous n'allons point réussir. Ce sont les types de pensées qui n'ont rien de commun avec notre espérance et notre conviction.

Lorsque la mère de Jésus lui disait qu'il n'y avait plus de vin, elle évoquait en son esprit la notion du manque, elle voulait le faire voir le problème. C'est comme si elle lui disait : regarde les faits ou considère la réalité. Jésus, par sa réponse, a repoussé énergiquement l'idée négative. Il a refusé de comprendre qu'il peut manquer de vin. Parce que dans le domaine de la foi, tout est abondance et satisfaction. Comprenant cela, sa mère a hâtivement réitéré la confiance qu'il avait en lui en disant aux majordones de festin de faire tout ce qu'il leur dirait.

Le domaine de la foi ne comprend ni les manques ni les limitations. La foi est une folie. Folie de la part de Jésus qui demanda aux serviteurs de verser de

---

14   Jean 2 : 1-12

l'eau dans les vases, et les serviteurs sont encore plus fous, parce qu'ils savaient que les vases contenaient l'eau qu'ils y ont versée et cependant ils l'ont emportée à l'ordonnateur du festin afin de le distribuer pour du vin. Aussi folle que la foi peut paraitre, elle est notre tremplin pour réussir en toute chose.

Lorsque nous parlons la langue du royaume de Dieu, nous devons omettre les mots qui sont absents dans le dictionnaire de la foi. Dans la grammaire du royaume de Dieu, le mot « *foi* » signifie « *tout est possible* », et Jésus a démontré que cela est vrai en changeant l'eau en vin.

Quel que soit le problème auquel nous pouvons faire face, nous devons savoir fermement que Dieu avait déjà prévu les moyens capables le solutionner. La leçon à retenir est celle enseignée par Marie : faites tout ce qu'il vous dira. Autrement dit point n'est besoin de comprendre, ni de voir à l'avance ce qui va se passer. Le secret de notre réussite en toutes choses, c'est d'obéir.

La foi, scandale pour les païens

Et si le secret de votre victoire se cachait dans un geste que plusieurs sont capables de mal comprendre et d'interpréter. Vous rappelez-vous de l'histoire de Josué qui conduisit l'armée d'Israël contre les soldats de Jéricho.

Comment et quand est-ce que Dieu avait-il renversé la muraille de Jéricho ? N'était-ce pas après que le peuple eut fini de faire sept fois le tour ? Est-ce que faire le tour d'une forte muraille telle que celle de Jéricho était un moyen logique et envisageable ? Et si Josué était en train de raisonner, de penser à se procurer de la dynamite ou d'une bombe atomique, et s'il avait décidé par des moyens humains, et donc logiques, de chercher à repérer des points stratégiques pour faire sauter le mur ; que serait-il advenu de cette bataille, du peuple d'Israël et de Josué lui-même ?

Mais également, cela ne paraîtrait-il pas plus sensé et plus intelligent d'engager des hommes forts armés de burins et de lourdes masses pour enfoncer ce mur ?

Vous ne voulez pas que le monde se rit de vous, comme ce fut le cas des sentinelles de Jéricho, j'imagine, vous évitez qu'on se moque de votre langage ou qu'on s'amuse à tue-tête de votre démarche de foi ? « *Rira bien, seul celui qui rira le dernier.* »

Si vous avez peur que les gens du monde se rient de vous aujourd'hui, vous n'aurez jamais l'occasion de donner à Dieu l'ultime opportunité de vous faire rire d'eux demain. Or, ils se riront de vous de toutes les façons, parce que vous serez un jour ou l'autre la risée du monde, à moins de donner l'occasion à Dieu de faire éclater sa gloire dans votre vie.

CONCLUSION

Un jour, Jésus enseignait dans une maison et tous les gens du village s'y étaient massés pour écouter l'enseignement du Maître. Tout à coup s'amenèrent quatre hommes qui portèrent un malade sur une civière. Ne pouvant pas entrer par les portes, ils montèrent sur le toit de la maison, firent une ouverture et glissèrent le paralytique juste devant le Maître. Le texte stipule : Jésus « *voyant* » leur foi, dit … (Marc 2, 5)

Je voudrais insister sur le verbe « *voir* ». D'après ce verset la foi de ce malade et de ses compagnons étaient bel et bien visible. La grande question qu'on devrait se poser est : Cette foi qu'on crie à tout vent de posséder, est-elle visible pour le Ciel ? Il ne suffit pas que je claironne ma foi, mais elle doit être évidente et capable de produire des résultats. Diriez-vous peut-être que la foi est une entité abstraite qu'on ne saurait percevoir avec les yeux physiques. Cependant, le texte dit clairement que Jésus a vu de la foi de ces gens.

Mes bien-aimés, la foi ne se manifeste pas seulement dans les mots mais aussi et surtout dans les actions. Dieu veut que nous posions des actes qui traduisent ou qui visibilisent notre foi pour qu'elle puisse attirer les regards de Dieu et des hommes. Il faut reconnaître que la foi des personnages de ce récit était si visible qu'elle attirât l'attention du Maître et lui fit arrêter son enseignement si important pour lui et son auditoire pour se tourner vers eux.

Jésus était un homme très discipliné ; il avait ses priorités bien hiérarchisées. Jamais le Seigneur n'aurait laissé traîner ses activités importantes pour se tourner vers des futilités. Si la foi a pu capter l'attention du Maître pendant qu'il enseignait, cela veut dire que la foi constitue une priorité de la plus grande importance pour lui.

Maintenant, posons-nous cette question : quel est celui qui a la capacité d'attirer l'attention du Maître sur lui-même ? Celui qui prie beaucoup, celui qui loue à tue-tête ou celui qui fait beaucoup d'aumônes ? La Bible déclare péremptoirement que sans la foi, il est impossible de plaire au Seigneur. Cela implique que la foi est ce condiment qui rend délicieux dans la bouche de Dieu tous les mets que nous lui présentons. Sans la foi, aucun de nos services ne peut attirer les regards de notre

Père céleste.

Chers lecteurs, cet ouvrage se veut un outil qui vous permettra de rendre visible votre foi. Pour que les yeux de votre Dieu Tout-Puissant puissent converger vers vous en vue de votre délivrance pleine et entière, pour votre épanouissement à tous égards et pour l'accomplissement de votre divine mission sur cette terre, vous avez besoin de la foi.

Je désirerais de tout mon cœur que vous puissiez bien assimiler les révélations contenues dans ce livre que le tendre Père dans sa grâce infinie m'a permis de partager avec vous. Quelle que soit la distance que vous avez déjà parcourue sur le chemin de la foi, cet ouvrage se veut une bénédiction pour vous. Il se pourrait même que certaines de ces informations vous choquent. Si c'est le cas, soyez de la trempe des chrétiens de Bérée qui scrutaient les parchemins pour voir si cette nouvelle doctrine que Paul enseignait était conforme aux prophéties de l'Ancienne Alliance.

Est-ce la foi ou la folie ? Je voudrais que vous sachiez, chers bien-aimés, que dans le royaume, la neutralité n'est pas acceptable. On ne peut pas avoir des positions nuancées. En d'autres termes, vous devriez savoir clairement où vous en êtes dans votre marche avec Dieu, question de savoir si vous êtes dans la foi ou non ? Peu importe le « *iste* » auquel appartient votre confession religieuse, vous devez être en mesure de savoir si vous pratiquez cette vie de foi qui caractérise tous les fils du royaume. Il n'y a pas de zone intermédiaire dans le royaume de Dieu. Reconnaissez avec moi que, si vous ne vivez pas la vie de foi que réclament les Saintes Écritures, c'est la folie qui sera l'apanage de votre vie.

Ô Père de toutes grâces ! Je sais que tu es un Dieu de but, qui planifie à l'avance le parcours et le devenir de ses fils. Puisse ton enfant, qui vient de lire ce livre, trouver les grâces nécessaires pour discerner les vérités qui s'y trouvent. Donne-lui aussi la force de caractère dont il a besoin pour changer tout ce qui le mérite dans sa vie au regard de ta parole sainte.

Je sais parfois que le chemin de la foi peut être solitaire et rocailleux ; Père Saint, accorde-lui le courage de cheminer sur cette route jusqu'à la cristallisation complète de sa foi. Ainsi il pourra devenir un modèle de foi pour sa génération et les générations futures à l'instar de : Joseph, David, Daniel, Abraham ; le père dans la foi et notre Sauveur et Seigneur Jésus-Christ, le plus grand modèle de foi que la terre n'ait jamais connu. Tu as dit dans ta parole que si nous demandons quelque chose qui soit conforme à ta volonté, tu nous écoutes et puisque tu nous écoutes, par conséquent, nous avons déjà la chose que nous t'avons demandée. Merci ! Père d'exaucer mes vœux, au NOM DE JÉSUS CHRIST. AMEN !!!

Définition des concepts : foi, folie et présomption

Foi : *La foi, c'est le fait de croire en quelqu'un ou en quelque chose, c'est de la confiance absolue, un avis ou une pensée plausible. C'est aussi le fait de croire en Dieu, en un dogme par adhésion profonde de l'esprit et du cœur qui emporte la certitude. C'est le respect de la promesse donnée dont l'honneur est le garant. La foi, c'est accepter de se fier au dire de quelqu'un ou d'accepter pour vrai un fait, une vérité ou une conjecture.*

La meilleure définition de la foi, cependant, se trouve en Hébreux 11, 1 : la foi, c'est une ferme assurance des choses qu'on espère et une démonstration de celles qu'on ne voit pas. Cette foi a pour garantie la vérité éternelle de Dieu selon Romains 10 : 17. Tout objet de foi qui n'est pas dûment supporté par la parole de Dieu n'est pas la foi.

Folie : *La folie, d'une manière générale, est une anomalie psychique caractérisée par une série de troubles mentaux et de comportements graves. Dans ce livre, la folie est utilisée par analogie à une confusion des idées concernant la foi. C'est un dérèglement mental ou un égarement de l'esprit, un entremêlement des idées au niveau de la compréhension. C'est le caractère de ce qui échappe au contrôle de la raison, une carence en jugement, en discernement et en sagesse. En ce sens la folie, c'est tout ce qui est contraire à la vérité scripturaire. C'est quand un croyant espère de Dieu ce qui ne correspond pas à ses promesses ou à sa nature.*

Présomption : *La présomption, c'est une opinion basée sur de faibles probabilités. Elle désigne une opinion qui tient pour absolument vraie une supposition ou un jugement fondé non sur des preuves mais sur des indices. C'est une hypothèse qu'on n'est pas capable de vérifier, une assertion qui peut paraître logique mais dont l'essence est sans fondement.*

www.ingramcontent.com/pod-product-compliance
Lightning Source LLC
Chambersburg PA
CBHW071458080526
44587CB00014B/2149